Fishing
WORD SEARCH

This book belongs to:

____

Thank you for choosing this book

Please leave a review because we woul love to hear your feed-back to create better products for you !
Thank you !

Puzzle # 1

L H R B A L L O T I N E U C T
F E K I L L I F I S H P L T V
G M E Q D M Y W W A O S X E G
I E J C B J D S L K N A M J G
B R N P F A A I O H U U R I S
E G Q C O P L K S L A F C K E
L E Y B D G F L O S U M I E Q
O R O X D W L P O M A L L P B
T A T O T I I B A O F B S M N
T S C R U F X D I I N G M B N
E X B Q O Z O V S S T F T A T
P Z N R I W I H L C Q X I X I
S O M Q J G L J C F W U O S P
R Q W S A I X A L A G E E J H
A M F I S H C A T C H E R W E

Fishing Word List

Ambassid	Aulopiform	Balloonfish	Ballotine
Becuna	Bisque	Boat	Emerger
Fishcatcher	Fumado	Galaxias	Gibelotte
Killifish	Kokopu	Ronquil	Skilfish
Trowl			

Puzzle # 2

```
L  E  D  R  X  Y  L  I  A  T  D  R  O  W  S
T  S  A  M  O  R  Y  M  R  O  M  A  Q  R  K
W  S  C  A  L  E  F  I  S  H  A  V  B  H  G
H  H  U  K  Y  A  X  Q  Q  C  L  P  S  O  D
I  R  L  X  T  K  S  W  A  D  B  I  B  E  F
T  K  J  Z  H  E  C  N  A  D  F  I  T  E  I
E  A  P  I  U  X  T  N  L  R  E  A  K  E  S
W  T  J  G  K  H  I  I  E  S  C  F  V  L  H
O  O  O  L  O  O  A  D  O  S  G  Y  V  I  L
R  -  T  D  N  T  N  C  I  B  E  O  I  O  I
M  K  I  I  Y  U  O  P  D  U  M  I  K  M  K
S  A  N  L  L  I  X  Z  S  H  C  B  N  I  E
N  T  L  P  D  E  N  O  N  A  N  G  L  E  R
Z  O  M  A  N  E  F  I  S  H  R  B  P  A  R
J  P  I  H  S  N  A  M  R  E  H  S  I  F  F
```

Fishing Word List

Acanthodian	Danionin	Expiscate	Fishermanship
Fishlike	Gobiesocoid	Jollytail	Manefish
Moilee	Mormyromast	Nonangler	Otak-Otak
Plunderfish	Scalefish	Seiner	Swordtail
Whiteworm			

Puzzle # 3

```
D  I  H  P  O  T  C  Y  M  X  K  A  A  J  Y
E  W  S  E  I  K  S  T  O  R  F  A  F  V  O
J  F  Q  V  U  Q  P  R  A  B  C  G  U  R  F
C  T  I  H  V  E  N  E  G  C  N  F  N  D  I
S  Z  M  L  V  X  M  R  W  I  O  I  O  I  S
R  P  Z  O  D  E  Q  E  H  H  T  S  M  O  H
E  T  L  O  R  L  L  S  H  S  R  H  L  T  E
D  F  R  I  R  D  I  S  M  I  E  E  A  S  R
L  A  I  X  T  F  A  W  E  F  E  R  S  I  B
O  D  U  S  D  -  X  N  H  Y  F  P  G  L  O
K  A  Z  O  H  J  T  I  A  D  I  E  E  A  Y
C  Y  R  T  V  L  S  A  G  A  S  R  X  B  U
U  I  B  B  E  T  I  Q  I  L  H  S  B  V  P
C  B  K  O  W  Q  E  N  L  L  U  O  M  A  Z
H  C  T  A  C  Y  B  P  E  M  S  N  H  N  Z
```

Fishing Word List

Anadrom	Balistoid	Bycatch	Cuckolder
Fafrotskies	Fisherboy	Fisherboy	Fisherperson
Fishline	Kraemeriid	Ladyfish	Myctophid
Rodfishing	Salmon	Split-Tail	Treefish
Wildlife			

Puzzle # 4

```
L E W A Q U A P O N I C S E Q
N B P R O N E P H R O N N P W
N I F K M I D R U M F I S H E
L S D X D T I T D U T H S Y E
B U G N X G K Q B N S S G A V
D O N C E L L A A U E O U W E
K X H U E O I L O L L A D O R
F C I X C T A R H O B E C L Y
G H Y H - G A S Y J E J I L K
D R S C G P I H G S G P S U H
I E O I I F T C W H C G C M R
M R G V F H K X G A G Y O J C
D T I R C R M S I N A G E V O
H V X I A P A E L N C J O T J
M H S Z F S R O I Y O W F L N
```

Fishing Word List

Aquaponics   Bait-Cord   Cisco   Degras
Doncella   Drumfish   Ebisu   Fishless
Galantine   Ichthyology   Mulloway   Oarfish
Pronephron   Shanny   Veganism   Viviparous
Weever

Puzzle # 5

```
O W Y N E B K X N T M Y P Q A
D R E A M F I S H R A M Y T N
W R X N R S V O O U Q O T T H
O G E L I J P F A M V E P S W
L A G R P R I A V P B F I N C
F D I Y O G E W D R A F I I A
F O Y T N L U H T E R T T L X
I I Z A Y O H F T O T U I R Q
S D R L X R K S T A E A G T R
H A L O P B O C I I T T I Z E
C V W D L R O C L F M R W L L
K U K D H D E A V A R S C Y W
C N N E T X H V T Y L C G X A
Q P O L Y P T E R I D X O F R
X Q U E N E L L E M T Z Q G T
```

Fishing Word List

Atherine	Betta	Bioapatite	Carangiform
Cory	Doctorfish	Dreamfish	Fishlore
Gadoid	Halieutic	Lodde	Polypterid
Quenelle	Spadetail	Trawler	Wolffish

Puzzle # 6

```
E T I A W T E N R H J R E F H
M R B O T I I D S C J J B S E
F L H H W C B I K L O Q I K N
Z Z N E O K F B E K U F O T I
T A J T C D D K Q A M S K D L
N T O C E J D W L R C E A Y K
Z S H E Y O A I O A D E F J N
I F R A Z P K W R A H K E Z A
D N I N L U R L P E V G S F B
P V S S H F L I K B F N S I T
C Z D F H A B A N L D I A S P
R K N F F E N E M O U U L H A
D H D U X S R W A M I M E E S
F I S H B O N E K K R D H T V
Z D O W N R I G G E R A L H Y
```

Fishing Word List

Bankline	Botiid	Cyprinoid	Downrigger
Fishbone	Fisher	Fisheth	Halfbeak
Hukilau	Isotocin	Jewie	Oscar
Padek	Reedfish	Snakehead	Twaite
Veliferid	Wormfish		

Puzzle # 7

```
K D P H Y S O C L I S T D M Q
Z V A P E L O P O M O R P H O
S T G N U U E F M E R M A I D
P R B U I F N I N C F A E H B
O I A V E O J S C I M G P J A
N P T T I V P H X W E R W G R
Y L H C L P X W W I O D R C E
F E Y D A O I A Z M X I H S D
I - S Y I R U Y O Q - H I C B
S T A X Z M I E B F Q U P O E
H A U L H I P B O L L X I R L
I I R D O U N O E G E J D P L
F L I L L S D C O H Y W I E Y
Y S D C P L E M P D A E S N H
O P H I D I I I F O R M Z T E B
```

Fishing Word List

Agri-Food	Alose	Bathysaurid	Caribe
Clupeomorph	Danio	Elopomorph	Fishify
Fishway	Mermaid	Ophidiiform	Physoclist
Ponyfish	Redbelly	Rhipidist	Scorpene
Triple-Tail	Ziege		

Puzzle # 8

```
S S Z E Q G O U R A M I G Q C
K T Y X R I Y N E H C U H S O
R W A W N E R F L I N G W W D
B O C R U O J L E B A K H F -
A O M B F E G E A B R S I E B
G W E E X I Y B N P I S S B A
O Z H L R E S C D F H G E O N
O L L V N O A H R M F D M M G
N L I E D C S E O N Z U G U E
G U E W K I T N P V R M Q K R
H R V E F T G Q O B O K K O M
G K R - U E G L D K I T E Y T
T E Y B R H C T I W E L G N A
L L K ' X G B V U B C O J R T
F E S N M L Q X M H K P V A Y
```

Fishing Word List

Androdium   Anglewitch   Bagoong   Bokkom
Butterfish   Cackerel   Cod-Banger   Fishmonger'S
Fly-Fish   Gourami   Greeneye   Huchen
Kabeljou   Nerfling   Romero   Starfish

Puzzle # 9

```
W  L  A  N  C  E  T  F  I  S  H  G  K  E  V
N  V  F  E  S  W  I  M  B  A  I  T  K  T  Q
U  N  F  I  S  H  I  N  E  S  S  F  H  D  T
X  G  U  R  U  P  N  A  H  C  H  L  E  N  E
P  P  T  V  W  R  V  T  Q  S  P  R  G  E  L
G  E  S  I  R  D  I  N  I  R  E  H  T  A  E
Z  M  S  P  A  N  E  F  A  S  C  H  V  B  O
I  P  X  C  X  B  D  B  U  R  S  Q  L  G  S
N  E  P  M  A  N  D  A  E  I  S  E  N  P  T
G  K  W  I  U  L  P  N  F  Z  N  J  I  H  O
E  N  J  O  G  A  E  Y  U  N  M  G  F  A  M
L  E  R  R  I  F  R  W  O  O  A  V  N  I  E
P  G  D  D  I  I  O  I  O  K  R  N  D  O  E
W  X  M  Q  A  K  D  O  T  R  G  G  M  W  C
X  S  U  H  A  B  L  E  T  S  K  V  S  G  V
```

Fishing Word List

Ablet	Atherinid	Blennoid	Chanpuru
Diapause	Groundbait	Groundfish	Hairyfish
Lancetfish	Nefasch	Pempek	Pigfoot
Scalework	Swimbait	Teleostome	Unfishiness
Zingel			

Puzzle # 10

```
S  D  N  N  F  T  E  G  A  T  T  O  P  L  E
H  X  I  P  V  Z  R  I  U  J  G  M  U  B  M
A  I  W  N  I  N  O  O  K  R  G  J  D  L  B
K  P  K  C  A  K  A  C  T  S  L  I  K  A  I
E  H  K  B  M  R  I  D  D  L  R  I  H  N  O
L  I  L  H  E  H  R  E  A  E  I  T  P  C  T
I  I  Y  C  W  W  X  E  M  L  F  N  M  M  O
K  D  M  L  F  A  K  S  S  A  F  B  E  A  C
E  Y  Y  E  L  L  O  W  F  I  N  U  H  N  I
T  R  I  G  L  O  I  D  X  O  Z  V  M  G  D
R  N  G  Q  M  A  C  R  O  U  R  I  D  E  L
H  J  K  N  O  R  S  E  L  V  C  Y  L  R  T
Q  X  R  M  C  H  I  L  O  D  O  N  T  I  D
L  A  N  A  B  A  N  T  O  I  D  M  S  S  K
B  R  O  G  G  L  E  E  Y  L  G  Z  W  F  W
```

Fishing Word List

Anabantoid	Blancmanger	Broggle	Chilodontid
Embiotocid	Fumet	Hakelike	Macrourid
Norsel	Osmerid	Pikie	Pottage
Serranid	Trigloid	Trotline	Xiphiid
Yellowfin			

Puzzle # 11

```
M I Q Q U I L L B A C K V J M
E F I W H S I F X B G Z S A O
B V L D J L A E Z K A J H Z W
L V N S O G G J U O Z X U V S
A P Z O Q D N S O K I G D E L
C J H G Q X I E L R A I E A N
K C G A Z S H G B M E R D A M
S S W H K A O R E T U I M U G
M H Y P P A M F A C O R I C I
E O W O N N I M T Y E R A O N
L R S S L S O E H L A D I W C
T T D P H R E T W U V R E C O
S F Z O T W H A Q X C L N O N
I I R S S C R A Q W K H G D N
S N G J I T C O D F I S H M U
```

Fishing Word List

Aquarium	Blacksmelt	Brixham	Codfish
Cowcod	Fishwife	Gamefish	Ichthyoidal
Inconnu	Minnow	Mohinga	Opsophagos
Quillback	School	Shortfin	Stromateid
Sweetcure	Trawlerman		

Puzzle # 12

```
L Y Z L Y Z A R O D N A P D S
S T E K R A M H S I F H U P J
T O G E M P Y L I D S G T D H
M S A F P A T I K I I U U S G
O T M I N G Q Y F T O R I Y M
N R I S A W L T Z R L F S Q B
O A U H F R E I T Q R P P K K
G C C H S N D K Z E A A A B R
N I H O R I M U V W Z X U A C
A I I O Y U F A N H J D P N D
T D C D R P E E R B G F I K A
H I S L I W R H K L Z U E L R
I F G G K J J N F A X O T I R
D D M R W L R R Q G N E T N N
M I D N U M A R R A B S E E D
```

Fishing Word List

Amiuchi
Dar
Monognathid
Paupiette
Weaverfish
Bankline
Fishhood
Ostraciid
Snakefish
Barramundi
Fishmarket
Pandora
Spawner
Cornetfish
Gempylid
Patiki
Trout

Puzzle # 13

A W I R K G H C R O Y A N F Q
E T P E D K A P T J L M I B B
P J E V W H O I S B A S D E I
H Z S L B N D L A H H G G L T
I J F A E A E C X - G D Z B T
P C W H R O O O K A O A Q O E
P G O I H R P N T R S C N C R
I U T C E S I O A E D R G D L
D S F D K F I M D P L A A H I
M Y N O E L S F U I E E F M N
E Y T O R F E V W D D W O X G
C Y V K O R D M D O F H O S M
X V O J W K A I A Q R I C G T
E P R E B A I T I N G P S D I
T T Z G U N K H O L E W W H D

Fishing Word List

Albacore	Ateleopodid	Bitterling	Coble
Cockleman	Croy	Ephippid	Fish-Knife
Gunkhole	Halver	Marsaxlokk	Mudfish
Neoteleost	Prebaiting	Prowfish	Snook
Tiradito			

Puzzle # 14

```
F  S  L  V  G  Z  P  P  M  W  P  B  I  A  F
G  U  A  A  X  K  E  H  K  C  A  D  Y  W  Q
Y  M  N  R  N  E  R  G  O  C  I  Y  C  V  R
J  U  O  G  D  J  C  B  L  C  K  A  H  I  D
J  Z  Y  O  E  I  I  L  O  Y  N  X  V  U  I
B  G  L  F  N  E  N  S  P  O  S  I  S  N  E
L  U  F  I  C  E  E  E  S  Q  A  E  N  D  P
E  R  L  I  V  I  Y  T  L  T  V  H  F  E  U
R  T  Q  T  B  E  O  E  I  L  J  C  I  R  L
E  U  J  O  O  M  W  O  Z  H  A  E  S  F  C
K  U  G  S  I  W  N  E  V  Q  K  B  H  I  O
C  X  I  D  M  B  X  I  L  H  B  A  H  S  N
A  S  H  S  I  F  E  B  O  L  G  C  O  H  N
M  P  B  A  R  B  A  S  C  O  E  S  O  F  E
A  D  I  S  G  O  R  G  E  R  V  E  K  A  R
```

Fishing Word List

Anostomid	Barbasco	Bultow	Clupeid
Conner	Disgorger	Escabeche	Fishhook
Fungee	Globefish	Gobiesocid	Livewell
Mackerel	Mooneye	Percine	Riviation
Sardinella	Underfish		

Puzzle # 15

T P P I C E X O C O E T O I D
U R A A Y D A G O N Q L M N F
B A L H N G I L L N E T C E I
V C M A L F I O N E W C N T S
O H A E R E I O B S B I R V H
L T D E W V H S E K L S E U B
A O R L D H A L H P Q Y N W O
D O A - O S D T O J E G I H A
O T B B G I D R K O P V E G T
R Q A L G F D I A V W N S O G
L U M E E E D I P S A R E T P
Q L T N R V R A X N X R V P G
F R S N V A R R G W O O Y K V
B S K Y W C S O L A G A X X M
O U D R A H C L I P U D N O S

Fishing Word List

Alfione	Almadraba	Cavefish	Dagon
Dipnoan	Dogger	Dropline	Eel-Blenny
Exocoetoid	Fishboat	Gillnet	Larva
Panfish	Pilchard	Pteraspid	Seiner
Toothcarp	Volador		

Puzzle # 16

P F Q U M F L Q L L L C H H X U
Y E N D O D J B M H S S Y X Z
U U N D Q Y U R S I I E O T T
E G T S U O Z I F F K D W G N
U A Z K E J F N T I A F V Y L
G L O C C W E N P R E Z K F I
A E Y J A H E T O P N P U P V
E A D S N R F D P Y K A R I E
T S W B R K A H A W A I F C B
E P I O H B U R R O C K Z K E
U I T Y E L L O W F I S H E A
Q D R P J E W E L F I S H R R
S J R H L H A K U T A Q F E E
H J H S I F R E V E E W T L R
J D P A P E R M O U T H J T Q

Fishing Word List

Akutaq	Burrock	Dorado	Eugaleaspid
Henfish	Jewelfish	Kahawai	Livebearer
Moqueca	Papermouth	Pickerel	Pikey
Pykar	Sawfish	Squeteague	Torrentfish
Weeverfish	Yellowfish		

Puzzle # 17

```
T O Y I C H T H I N E Z - R S
N F B R I C E F I S H O B T U
O I J A D E B J A D Y P A G I
D N D Z I B K S V H I N J H L
O S F W D C P A T W S K U R O
Y P T X R Q H H T T G R N E N
D I P E G Y C T I - E F D V G
A N N O E I M C H I O R E I L
R E E K R N K O N Y S N R D I
B K X X Z L B O U Z I S F L N
S L E J E P S R J T Y D I E I
Z E B W E S Z V A Z H G S V N
H E R R I N G E R S W M H A G
U W Y O C I Y H T H C I E R T
B W P H R E W O N N I M D G Z
```

Fishing Word List

Bradyodont	Finspine	Graveldiver	Herringer
Ichthine	Ichthyic	Ichthyo-	Longlining
Minnower	No-Take	Obaichthyid	Poissonier
Ricefish	Skeo	Stanstickle	Steenbras
Underfished	Wrymouth		

Puzzle # 18

B	S	H	C	E	O	R	S	M	G	G	B	K	D	R
A	H	M	S	Y	P	K	M	N	U	X	O	M	D	H
N	L	A	E	W	R	R	I	S	M	C	B	K	S	F
N	I	C	L	X	E	W	A	U	J	L	A	I	O	T
E	Q	W	O	O	K	E	I	H	U	V	F	N	É	A
R	U	L	T	R	S	R	T	D	O	R	P	S	S	O
F	A	J	O	Y	A	A	E	F	E	K	S	D	H	B
I	M	C	W	N	X	R	U	I	I	A	S	W	E	P
S	E	J	A	M	I	W	D	R	C	S	H	B	A	M
H	N	E	J	C	B	L	Z	N	B	V	H	A	T	I
Z	C	L	K	Z	O	N	O	V	Y	H	D	S	F	R
O	G	O	H	S	P	C	N	O	W	D	G	S	I	H
U	N	N	G	N	I	H	P	M	Y	N	N	L	S	S
N	M	R	E	G	G	I	R	N	W	O	D	E	H	A
I	M	B	R	I	C	A	T	I	O	N	O	T	Y	T

Fishing Word List

Bannerfish	Basslet	Concassé	Corkwing
Downrigger	Halosaur	Imbrication	Liquamen
Luderick	Nowd	Nymphing	Oceanarium
Prahok	Sheatfish	Shrimpboat	Soldierfish
Sweetfish			

Puzzle # 19

```
C D M H I G T O P M I N N O W
A U H V M U L H S I F R E V O
T W C D X R E T H Z Z Y Z N N
A S K D J N P G Q S N A G J P
L L A M K A I B S V I I V L M
U M P G K R D P W A F F L W V
F U X G O D O C I L T L U U H
A B O F M F T G A R U A L H X
V R A L B U R N R W A C Y K D
P A O H A A I Y J I A N D U M
H I I O U B C P O N N G H R I
T Z T R R C H J A E K D U A R
B E N O O F H L F H G F L Q E
V J C R H N I L Y D F U R E J
V U V U I A E C O E W Z H F L
```

Fishing Word List

Alburn	Braize	Catalufa	Corbina
Dhufish	Fogas	Grindle	Gurnard
Lepidotrich	Overfish	Piranha	Ruffe
Satay	Topminnow	Vairone	Vulcanalia

Puzzle # 20

T Z X E Y E S S A L G H K T S
P R Z F T J G M R H S N J A J
N M A K I V Q A R I K V X D W
J W H W R V B H L H J D L P A
Z B S P L C F I N E N I P O N
I O I D D B X - S L B T C L O
P A F G D D O M L L D A H E T
N R Y A C T U A L G W M I P O
O F L D U R T H T R R E M N P
P I F I A E B I E A C Y A R T
I S I D S Z K H O M Y C E B E
D H D A M S E L F I S H R A R
E L O P H S I F D T S S O D I
B X X C D O O F A E S B I B D
A L E V I N V C T H J E D B W

Fishing Word List

Alevin	Anotopterid	Boarfish	Chimaeroid
Cyematid	Damselfish	Fishpole	Flyfish
Gadid	Glasseye	Hellgramite	Ilish
Ipnopid	Lates	Mahi-Mahi	Seafood
Tadpole	Trawlboat		

Puzzle # 21

U G N A T H O S T O M E B K O
C R D U C A N A K Y Z J A K M
E S N K E N G A N B S D R K Z
R X Q I Q F L D I L I R B J N
B L P Y F A F B E I M E E A T
P I U I K E R V N N I X R N P
P U R U S A B N L D R P F G I
Y T K T S C E O H F M I I E T
V K P S X L A O L I I S S L K
O C E J B L Y T X S L C H F C
F Q C Z U F G H I H L A F I A
V K V O B K C R F O O T L S L
K H R V B A J X T H N O H H B
M T M R O F I C S I P R A M I
D N N L F B U C M N S Y P R K

Fishing Word List

Angelfish	Barberfish	Birt	Blacktip
Blenniid	Blindfish	Brasse	Ducana
Expiscation	Expiscatory	Gnathostome	Kalakukko
Loach	Lobefin	Mirmillo	Pisciform
Troul			

Puzzle # 22

```
Z T C Z J S P O L L A C Y G O
Y R Q S Q P H S I F E P I N S
M I F B Y B W Y H S I F W A J
A P I I P E R C O P S I D B H
C O S U Y I R E V L A H L R Y
K R H E S W M M E K V A R M O
E T F T C X R I T V R B H H W
R H I N U O O F H U N M S L L
E E N G W N W N G S K C C E Y
L I D T Y K A E L S A F U Z I
E D I C Y E T L U E Z S P U Y
R A N K N S H C I X R R F O D
B N G M U L L E T K U U Q M W
H O G S U C K E R U E F J J P
Q Z N E K R A M P E E L S C X
```

Fishing Word List

Baitworm	Callop	Cusk	Fishfinding
Halver	Hogsucker	Jawfish	Jurel
Mackereler	Mullet	Percopsid	Sashimi
Scup	Sleepmarken	Snipefish	Stegural
Triportheid	Tunalike		

Puzzle # 23

H C O F I R E F I S H L X A L
Z L N G R E E N F I S H D L A
U U I D I I D E P A D I V I V
U V S R H F F D O D R H D N F
R V E S L H I S I P A I I T W
O X N P U Y X S M N O N E W S
T N M E U E W A H R O K E H K
E E Y A W L L A A L C M O M N
N E R R L T J P L U I A L O O
S K P F N I S U B S L F O A U
I N K I T N H M O M J D E Z S
N I A S I G U Q A M L X B Z Z
U P F H V H F T B I E G T Y F
Y T E C C R E S N A G R E M T
S C U P P A U G V E S Y Q F I

Fishing Word List

Chumbucket   Dapediid   Firefish   Fishlife
Greenfish   Lamprid   Merganser   Noodling
Omena   Pinkeen   Prymnesin   Salmonid
Scuppaug   Shoalmate   Sparoid   Spearfish
Urotensin   Yelting

Puzzle # 24

```
O T O M O R P H E C E T R R T
U Q G B F S S C A R O W E R H
T J C F V E K N F T T D U E A
V N F A O R D A O J N S N T R
C H A H E L E C T A U I R I D
P A S R E D E H T E N Z D N Y
B I J F U P S S M O F T F O H
F D I W H I D X G Q I I I L E
N S V A F A H E H G W A S H A
H V L R E N R C E Y V B R H D
C A R H X O H N N T A R P U M
N U E T C N K A R A N T E E N
B S R E F I L E V K R D D N N
R E H S I F G N I K A B B Y X
S P E A R F I S H I N G F T I
```

Fishing Word List

Bait	Branchiuran	Burrfish	Candlefish
Coregonine	Fisho	Hardyhead	Headstander
Karanteen	Kingfisher	Otocephalan	Otomorph
Retinol	Skatefish	Spearfishing	Tarpum
Velifer			

Puzzle # 25

```
G Q U Y U H I P P O C A M P A A
E N C H O D O N T I D L W C R
C L O N G - L I N I N G H O T
G X Q L E S S E V X E Q I U I
T N O D O B Y H G G V J T L F
B I G S C A L E - I W S E I I
T D I M S E D O R C I M F B C
G A P T B A I M C C Q L I I I
D M M X I H M O A X D T S A A
G O X B C M L I R P M N H C L
U O R N A N I S A K I A S I S
S J A E D K G V N P Y N Q U W
A R V A E Y N P G B A I Q X H
B H C B I Q N V I H J R C P B
N S H W C K I L D Y C U A Y Q
```

Fishing Word List

Anisakiasis	Arapaima	Artificials	Bigscale
Branchio-	Carangid	Coulibiac	Doree
Enchodontid	Exvessel	Hippocamp	Hybodont
Long-Lining	Microdesmid	Scad	Tambak
Urinant	Whitefish		

Puzzle # 26

O N U R S E P O N D D T Z Y Y
B U R S K A G S Z A X D S H G
G S T Y G R A Z U C K H G D O
K I I N O T K R E E E U I D L
P L A O Y L T V L E O R S I O
K V B D O Y B J P R T H H T T
Y E R O E G W S B N J A E U A
T R E N V R H D E Y H J R B C
L S N T D E J C N S M S R O S
O I N I A B A T I O A H I T I
B D I D J M I F L O F A N N P
E E P K O N K N D U M P G O T
F S S P E A X N O Y O A E D Z
H A L I E U T I C S G C R O G
M J D W V D R O C K F I S H I

Fishing Word List

Bergylt	Bolty	Codline	Dace
Halieutics	Hapa	Herringer	Nursepond
Odontobutid	Piscatology	Pomacentrid	Rockfish
Roughy	Sheepshead	Silversides	Spinnerbait
Synodontid	Weakfish		

Puzzle # 27

```
Y F L P U I P S S I U R M S W
K G C H O W E B C Y K A S S K
A I A E E A F C L S H Y R H T
M A V H W T M Y U H T I I L
E O W O P I V Z Z S E S H C K
U D L J P O A A I H T B C C G
J F I V J M D F S G U A A A I
O D L A B I R I A I N E S C W
D D Y U E A F N P D F P A Z K
I Q K Q T N N P I E E N O B Q
O X D I O E S R Q R L A Q H B
D L U M T Z U Y E R S I B C A
O G E Z K C A A Y U X L A N S
N L N E E X U Z S T O M I I D
T G O L D F I S H E R Y T B L
```

Fishing Word List

Ayu	Blueback	Candiru	Diodont
Gannet	Gaspereau	Goldfishery	Guitarfish
Hevva	Ichthys	Lemonfish	Lepidophagy
Ribaldo	Seawolf	Stomiid	Zambuk

Puzzle # 28

```
Y V A X R B U C K T A I L T L
N A R U T O M A K I I S T A H
W I C H T H Y O I D F B S I U
M E L V A L L M O U T H B L H
B M E O K P A X R J D R R F S
R M N D V T A E H M I A Y I I
D H D T F H N S C S I I C N F
O A F V C I I V A Q R N O F E
I L E N L F S A K U A B N I D
L Z A H E S I H J A N O I S A
U P G L E S A H E W N W D H P
H I B Z W M N I J F E F Q B S
H A Q U V Y I B U I T I B A J
S O Y H Y P Z L W S N S V I H
L F I S H E D Y S H A H E T W
```

Fishing Word List

Allmouth	Antennariid	Bryconid	Bucktail
Fishbait	Fished	Highliner	Ichthyoid
Jeju	Narutomaki	Panchax	Rainbowfish
Sablefish	Slimehead	Spadefish	Squawfish
Tailfin	Weedfish		

Puzzle # 29

```
M E I T E R F M O P R H I L E
G W Z E B R A F I S H Q Y O S
H M E G A L O P I D A H H L C
H Z S Q T R I C A I N E L V H
X S I L G A N A D R O M Y L E
W P B C G N E X G E N M Y X L
K L J I E B I I I H M U C D L
Y A W C L I E L R H V G T K Y
Q K M H L S L A G Y J G C B M
C E Y L G O Q D R N L I O B O
K S B I M M K K E D A E V X Z
E N I D O F F U B R F N Z H C
G B R A M I D M N U O I O D I
N S C A L I M E T R Y H S N Z
S M T A I L S P O T O W U H W
```

Fishing Word List

Anadromy   Beardfish   Bramid   Buffodine

Cichlid   Lyrie   Megalopid   Mollie

Muggie   Nonangling   Pomfret   Rohu

Scalimetry   Schelly   Splake   Tailspot

Tricaine   Zebrafish

Puzzle # 30

```
P Y R I D O X I N E R W N T O
D D E J E B I H G E U E P V H
I O L M V O N E I R O D I D V
N L L H H F A M O R H A L K E
I P E O O F C I Q L M S E H N
R H W J T G M R G B T L R I I
A I E R N I U A L S P E D F N
H N V G H W D Y O F G I W B O
T F I I P I O E I R R A F R E
I I L K F P L S U U V B Y F B
C S L O S E H B E J X V W A A
A H R I T K H N X Q Y O U E L
O M D U E S C P O O L F I S H
U D E P I G A N G I N G I C P
N C T F R K A L M A D R A B A
```

Fishing Word List

Almadraba	Amblyopsid	Citharinid	Dolphinfish
Euteleost	Fishburger	Gadiform	Ganging
Hemiray	Hilsa	Kelpfish	Labeonine
Livewell	Lotid	Neuridin	Oneirodid
Poolfish	Pyridoxine		

Puzzle # 31

L L A B H G U O D N E V V V D X
C R A N K B A I T I D R N W W
R F I N O E H S T F I J L A Y
D C X B S R O L M T R L G U O
K A B G P T E B R I U S B H P
E R G A E M R Q O L H V A K L
U K X Q S F M B F P T A N E E
B G H T J S H R I S N F S L G
L G A Z E F C A R E A A T C N
A T T M Q J T N B Q C I I A A
F I A T B R Q L M M A M C R T
D F B Q F U X I O X B A K I H
F G V P O V S N C N K R L P I
G H B O N A C I S L R A E S D
L I M B L I N E A J B P K G M

Fishing Word List

Acanthurid	Aimara	Banstickle	Bonaci
Branlin	Crankbait	Doughball	Fin
Gambusia	Limbline	Meagre	Oplegnathid
Scombriform	Smeltie	Spiracle	Splitfin

Puzzle # 32

```
I  Z  Z  A  J  P  L  A  T  Y  F  I  S  H  Z
C  U  T  L  A  S  S  F  I  S  H  B  K  O  B
N  E  G  Y  Y  L  S  H  P  D  L  E  X  P  A
M  D  T  C  Z  Z  I  T  E  P  Q  L  K  A  R
K  B  A  T  H  Y  L  A  G  I  D  O  I  H  R
V  K  O  I  W  E  V  N  X  M  O  N  G  A  E
E  F  U  I  H  O  E  G  C  I  P  I  Y  N  L
F  A  S  S  L  B  R  O  V  R  F  F  S  D  E
I  N  U  I  R  G  F  T  W  A  L  O  C  L  Y
L  A  O  X  U  Y  I  C  O  P  Y  R  I  I  E
A  W  V  I  P  F  N  E  Q  I  -  M  A  N  A
E  O  N  I  E  L  B  L  D  N  F  L  E  E  P
S  R  R  K  R  U  Z  P  L  N  I  Z  N  R  T
L  A  C  T  A  R  I  I  D  I  S  A  I  D  E
I  G  D  R  O  P  N  E  T  D  H  X  D  R  L
```

Fishing Word List

Arowana	Barreleye	Bathylagid	Beloniform
Cutlassfish	Dropnet	Fly-Fish	Handline
Lactariid	Mirapinnid	Opah	Pirai
Platyfish	Plectognath	Sciaenid	Sealife
Silverfin			

```
H A R P O O N H S I F F A E L
A E N A I H C A R B B U S T W
X Y W C E F J L W I H N S M N
P H C Y P R I N I F O R M M O
I S I R R T R M Z N M M K Q T
N T I C H T H Y O L I T E I O
F O K X Y V C R O F O D L Z P
I M A Y T R B D E W E E L Y T
S I M R E R R L O E I A R A E
H A T E J E V Z O W - E R O R
S T L Q O D R J T W H L E Y I
Z O U C W N T N B C F I I E D
A I B S T O I O T F B I G P K
L D I P E C M A Q M Y J S P S
O Y T T R G H J K H Y K A H S
```

Fishing Word List

Blowfish	Clinid	Conder	Creel
Cypriniform	Harpoon	Hatchery	Ichthyolite
Jowter	Leaffish	Notopterid	Pinfish
Stomiatoid	Subbrachian	Three-Lips	Weely

```
C C N N F C R I H C I B E P T
X P N U K X E S T S Y R Q P E
B L R T W Z K F A W U L K G P
P P O P I L C G R E S W F A P
R T Z U L D U O A E H I X L A
O P W I V F S L N T E O O A N
T C G F Q A P D T L N E N X Y
O C I E E L R N L I G F D I A
P N C Q O X A E Q P H H S I K
T R U G A P C Y W S D K P D I
E V B W P I W A N A N I S H C
R M R O F I E P U L C O E D J
I A M B G N I R D L E P S X Q
D H N E E D L E F I S H I E W
N G T C Y R O D G O T U A T I
```

Fishing Word List

Bichir	Carpsucker	Clupeiform	Dory
Eel	Galaxiid	Gill	Goldney
Louvar	Needlefish	Protopterid	Speldring
Sweetlips	Taran	Tautog	Teppanyaki
Wananish	Yusheng		

Puzzle # 35

I O M O S U D I D T E F E B A
T V H S I F R E T S O O R X D
R O Z L D I N I L A T Y C S S
A O O M E S A C A N T H I D E
W R Z T T E O U W B A O S P D
L Q S G H R A O H G X O O E A
E S O A G F P V H A A Z N J N
R A T R I U I R G P P I I O T
Y B Q V L E K S F P R U I K T
T R S O W J N I H A R T K B Z
Q E X C O H S B M E A W B U K
U F T K L H Z C K C Z F V U W
U I D R G T F C S T X C J R X
N S S E A B E I I J Z M K D U
V H F M X B P E N I C S I P C

Fishing Word List

Becker

Garvock

Glowlight

Hapuku

Marined

Mesacanthid

Omosudid

Piscation

Piscine

Roosterfish

Sabrefish

Scytalinid

Soapfish

Tetra

Toothfish

Trawler

Zope

Puzzle # 36

A R A C A N I D T E X A X S D
I G L O E C U P Y Y Z Z H O N
D I O C A L P E O F S U W P I
H A F I S H E T A R I A N H F
S S C O M L P E I D K Q H I D
I I J T B G U D I S G F S O A
F B N M F Q G P B N O D I P E
M O I V I E O E F A O P F S R
O H N A H C S Q X I S D D I H
T Y C E S H I C C L A L R D T
T P A O O Q C X R F N P A A U
O D N W D G M H P I D R Z B G
B O G S A U G E R S E P I I F
I B B T L Z K B K H R Q L T L
H A L E C O M O R P H U J M H

Fishing Word List

Aracanid
Fishetarian
Ionoscopid
Porkfish
Thimbleeye

Beshow
Gardon
Lizardfish
Ridgehead
Threadfin

Bottomfish
Goosander
Ophiopsid
Sauger

Caique
Halecomorph
Placoid
Snailfish

Puzzle # 37

```
A P A R P R F I S H S K I N Q
Q M U Z F P V D B T A R P O N
C U A H S F O L O A O H O A D
G N O T A M A J D Y Z Z E K S
A U G M S C Z G I Y C H K N A
K N A O K Y N H N J S S I A L
B D G T N A A H C I R P L Y M
R P A L B O O X F G E J E M O
Q I E T E J P E D R H E K O N
L E J A - R L O C O L S I L I
L D B R Y T F I D D C Z P O N
E Q O I S F F I D I W G W G E
D O R I V O U U S F U U N R G
P K H H R N G A P H N M L I K
K W U M M C H I R I N A B E L
```

Fishing Word List

Amatong	Anglerfish	Bangda	Blacktail
Chirinabe	Fishskin	Golomyanka	Gonopodium
Guddle	Lingcod	Matsya	Perciform
Pikelike	Poor-John	Salmonine	Tarpon
Whistlefish			

Puzzle # 38

```
O L O D D O W N R I G G I N G
C U W Q U G E M F I S H T C V
P A T B E Q L T P A D D S F H
M Z V T H A L S I F W N Q E T
U R U A U A U R S M P Z M J L
R F E V L R A T C W Y O I R L
E H M V U L N F I Y T M T O O
V N T L O V Y L V S B Y J A R
E K I V V E R T O A C E R C T
S S M R F E V C R G S X V H K
S Y M P A Z E A O U P U C A C
K F O N I L N Z U A S E S A A
P I E Q A R F H S G N H R H B
V H A H E Q K H I I B F V C I
E C K T V P I P E M O U T H H
```

Fishing Word List

Backtroll	Cavally	Downrigging	Gemfish
Haaf	Halecostome	Jimbaran	Kivver
Logperch	Outturn	Pipemouth	Pirk
Piscivorous	Roach	Severum	Silurus
Sushi	Tai		

Puzzle # 39

M E P Q B M F E T O Z P Y W W
V Y D R T B L I L E W B M O Y
L E W Z G U T Q S S N R U D Q
Y W C A B E Z O N H E H R H X
E O J O M S Z F T D K A S L B
C L D H R A Y N L S L I A I T
G L Y B A A R O B L F B L R F
O E S A K L H G I K R I A L B
B Y V R Q T I B A I P C I Q A
Y V J R I P A E F T H J N N C
C X R A L H T O U I E F K W K
A S B C K S R R N T N E N E L
I U L U F M W O R Q I P G W E
T V A D N R I G I Z A C D U A
B V S A R D I N E R L J S V D

Fishing Word List

Backlead	Baitholder	Barracuda	Billard
Cabezon	Dobule	Fishkill	Fishnet
Goby	Halieutics	Labriform	Margate
Sardiner	Steakfish	Trachinoid	Ukha
Yelloweye			

Puzzle # 40

```
A L O B S T E R M A N L N X M
W Q D H C R E P G W K D L H P
M N U S M E L T A G G E Z O A
O L X A L C P N W H D K H M G
L F E I C J O A A N S A A O Y
I N L A S U I W U C A G T C R
D A I D T N L R - R N Q R E A
N M N F Y H G T D P B N U R C
G A E A L R E E U A I N D C A
A S S Q B A R R W R Q L W A N
P S I D O L T L J O E O O L T
I A D H B B E F P A I U K T H
G M E X E Y I P I Q C C Q G I
S N R S S L T Z I S K K J G D
S E M I O N O T I D H R B R I
```

Fishing Word List

Anablepid
Aquaculture
Bawley
Cow-Pilot
Flatfish
Grundel
Gyracanthid
Haarder
Homocercal
Leatherjack
Linesider
Lobsterman
Massaman
Molid
Ngapi
Perch
Semionotid
Smelt

Puzzle # 41

H C V P G N I R R E H U C I M
G T X C P O L Y O D O N T I D
D O W M R R E L S L Y U X G S
I G U Y T O V M D H O D A J U
M E Y J R Q Q A T P T G H A E
O Q R O O A L U L V R E S R R
P X I L T N M E E A R Z I R F
O Z R P D A E A T T A O F A L
R T U Y O R K T G K A V T J A
T W B P P E O U T N V E A O G
N Y N S A B H I H E A F C M F
E B O Z H I T D H E J B D T I
C V D Y S E P B N O S P O K S
M U L M I A R C H E R F I S H
C P O I F A L A L O N G A O S

Fishing Word List

Alalonga	Archerfish	Bangamary	Bottarga
Catfish	Centropomid	Croqueta	Donburi
Eelpout	Fishapod	Flagfish	Goujonette
Gyotaku	Herring	Mojarra	Mulm
Opson	Polyodontid		

Puzzle # 42

Z P O H K K M O B C X J P C Z
G I C T S C O Y L L P S V Y O
X S D O O I A X D E V X T C U
H C I D T P F B N C R Q G L T
M A O B J T H N Y S S R H O F
O T N R Y U I Y R T Z D E S I
L O A G E W V F S O T W D T S
A R R L H D Q H O I C O X O H
N Y R A C T L O E R N I D M F
C K E S K V W X F X M E N E U
E X S S P E A R L F I S H U L
F J S F S Z R B A N D F I S H
I Y I I X M S S A L G N I S I
S J E S A X A N T H O R I S M
H L Z H E T W X J H I K I O B

Fishing Word List

Bandfish

Cottiform

Cyclostome

Dottyback

Fishful

Glassfish

Isinglass

Lancefish

Lerret

Otophysine

Outfish

Pearlfish

Piscatory

Serranoid

Unicornfish

Warsaw

Xanthorism

Puzzle # 43

```
I H G E F E C K Y P H O S I D
U S V D D T N A A V T N B R H
I I J F I G E T V C W T G S D
T F U B J O T W L E I T I S I
R E S C A E D I O A A F A Y D
E S P C N I N O B C E C O R O
V U C O A G T R N N S A H I H
A O B W F R E F O T Y I G U T
L M Z I Z N I B I R I P S F N
L J S H N J S N D S A D K R A
Y H V I T Q U N E L H M O J C
D J P X K F E B R E A M K M A
L S Q T U D R A G M A N O I T
Y A R M B P P S E T O X O T E
T U W E E L B L E N N Y T V R
```

Fishing Word List

Acanthodid   Baitfish   Bonefish   Bonetta
Bream   Caveach   Clingfish   Diodontid
Dragman   Eelblenny   Kyphosid   Mousefish
Ramkie   Scarine   Siscowet   Spinnerbait
Toxotes   Trevally

Puzzle # 44

R C O H A T C H E T F I S H N
V A M C H S I F E L D D A P T
B O Z Q E U K P J H F R B H T
L L J O C L C E S N G E C S R
D T A U R F P I D P M P R I A
U O R C A F F M O I A E E F F
Y E G A K R I P M L N E S L T
R M G G E C I S A K G K T L C
U J X K E H H Y H G A H F E N
A W C K C R F I R N R S I W S
S U P C J X M E N I R I S S J
S M A U F L Q A E K W F H X P
M M I D O U H D N B D Z G A S
X N Z M P Z T S O N I T C A N
V H S I F R E G G I R T R M D

Fishing Word List

Actinost	Beefheart	Blackchin	Crestfish
Doggerman	Fishkeeper	Hatchetfish	Kingklip
Macchi	Mangar	Paddlefish	Pleco
Razorfish	Saury	Suckerfish	Swellfish
Traft	Triggerfish		

Puzzle # 45

V T A H P I S C I C I D A L Z
M U L L E T L I K E P O X H O
O Y C O X L F B F K E R K J S
R P G E E P A J A R R I P I D
F M A W W N R R E C S O S C N
I E G R E I I I G E K C A F O
S T P R A L K M S E A F H Z M
H A I K O C L V S T M G I C E
E C P G M U A Y O O E O V N I
R A E L A L N P J S C L U U D
F I F O R R H D P M R Z L T L
O N I C E A U W B U L K C A H
L E S A G V Z M N A G L N D R
K W H I D B E D O T I I D I O
Z I D B R A T T A I L T E H V

Fishing Word List

Arripid	Backfin	Bedotiid	Carapo
Cosmine	Fisherfolk	Garum	Groundbait
Gwelly	Largemouth	Metacaine	Mulletlike
Nomeid	Pipefish	Piscicidal	Pristella
Rattail	Scatophagid		

Puzzle # 46

```
W K I F I S H S E L L E R J N
S F I S H K E E P I N G H P O
S L Z D P W R Q D N H W Z N I
M E L A N U R E O M I S A K F
O F C O T D W Z N G O P L N U
K C K A T I R M A G M C P M R
E X H O T D N X X O J L O O I
R G R I J O I M P X A O R L K
Y S V H M M S L O C R E T L A
K Q R H I A G T O U H Z O A K
B E O R E F E I O S T A R G E
A Q U S E G D R I M T H G W J
S S R F F I U F I M I O O Q V
E A X I A X H T P D Z D C I Q
B Y C N P T E S K O O H H X K
```

Fishing Word List

Barse	Catostomid	Chimaerid	Donax
Fisher	Fishkeeping	Fishseller	Furikake
Hookset	Melanure	Mollag	Placoidian
Pompano	Smokery	Surimi	Tinmouth
Torgoch	Torsk		

Puzzle # 47

J B L O C H I I D H L E P D U
M O D H S I F B L E N Q P Y A
S X E S N C E I U I Q F O L Z
U Q X D T O A Q L R P X E L U
B T U J I T N E C E X N V U O
A A Z A G O E F R A I M I B V
I A Q A R R T C I S O N O A O
T O L K F E H T U S A Z A K R
C F Q N I L T L O N H N U C I
A X W T I W E A G C I I V O T
S C E K N M K A I V J R N C X
T M E N I D M Y R L N P T G K
I C A T O S T O M I N T W T P
N N G G Z W C W A H O O H B B
G A N W M O S S B A N K E R O

Fishing Word List

Baitcasting	Blochiid	Catostomin	Cockabully
Corvina	Cottoid	Fishdom	Flagtail
Freeline	Inanga	Melusine	Menid
Moki	Mossbanker	Nonfishing	Perchlike
Squaretail	Wahoo		

Puzzle # 48

```
D D U J P A S P R A T D C X U
I N P P R I C K L E B A C K A
M C D H S I F A S U D E M U T
O H K A H O R O R O K O P U P
N X A I R R Q Y W A Q S C F L
U T Y L B T Y X E F N H L L A
R N J R O B F L M G H X A Y C
S O U K H S L I Q C H T M R O
E D V L K Y A I S I L Y P O D
R O K Q O D N U N H S G R D E
Y L H G G A K C R G D M E N R
F E T A R A K I H I S U Y J M
I H P H I Y R G M U D G Q D U
S T I A G Y N N A N S I Z O B
H S I F T E P M U R T L M W P
```

Fishing Word List

Caranx	Dartfish	Flyrod	Halosaurid
Kibblings	Lamprey	Medusafish	Mugil
Nannygai	Nurseryfish	Oxyrhynchus	Placoderm
Prickleback	Sprat	Tarakihi	Thelodont
Trumpetfish	Upokororo		

Puzzle # 49

```
S D M C D I R A V U L O L E T
B T Y T P W A J E S O O L H L
J F P E K I L P V G Y B R G T
F I H N D N S O R T O O O R J
R S F O E E I C G T A A O E P
J H I I H S K F A T I K N M C
E E N D F A U F E T D V S O R
L R N G V B B R I F O U Q L E
E M A B O G U P P Y I R C A C
H A G N G L V H L U R S E T O
C N E O Y S D R A L Q F H A R
I E S R O H D E R R A C B O E
S Y V L P D H B Y F M H N S T
I H O Z I E Q A F E M U Y F E
D S M A L L M O U T H B U U H
```

Fishing Word List

Chub	Ctenoid	Finnage	Fisherman
Goldeye	Gremolata	Guppy	Heterocerc
Knifefish	Loosejaw	Luvarid	Piscator
Redhorse	Sichel	Smallmouth	Throater

Puzzle # 50

```
S E P B T R I P L E T A I L D
I Z A M H G E R A I V A C S I
T G X U T E L E O S T P Q C O
A D Y T A Z V S B C F W R C C
P S A U X I S S P F S N E Z O
U Y L K U E S L A T B H L O T
F M B J A M M G T Q F T I A O
I W B N X X U O Y X Y Y A R I
S E E R V B P E M M D F R C B
H L U M P S U C K E R B B I M
S A S D G K S Q I A V B P D E
I K R G E U G A R D A M R J A
C N E I V K T E H C T O R Q A
L C H I M E R I F O R M H C D
E N I C Y M I T N A I C B W Y
```

Fishing Word List

Antimycin	Blay	Brailer	Caviar
Chimeriform	Eggspot	Embiotocoid	Fishsicle
Gaff	Kutum	Lumpsucker	Madrague
Ossean	Patis	Rotchet	Teleost
Tripletail	Zoarcid		

Puzzle # 51

```
G R O O P E R M W H J G C Q S
J H X F X I O O A E F A Q C A
H G C U N N E R Q T L F O K M
R P F Q R Y G H T E E M E B S
D F M G L P T K L Y B L I A I
E Y M S A N D P E R C H O I L
N G R O U N D L I N G D P T V
T G P Y C N O D O N T I D F E
E X O J Y L C K B C N D V I R
X N C G A X E L S A E B W S S
K R L P G D R X K I E K P H I
T C A A V L O B G L T X N I D
D A V Q O A E U Q I G W N N E
L C I S W T A R K N D R E G E
M Q E X W P F B G G J C N R O
```

Fishing Word List

Baitfishing	Cale	Cero	Clavie
Cunner	Dentex	Goggler	Grooper
Groundling	Ling	Matelote	Paugie
Pinakbet	Pycnodontid	Sandperch	Scombrid
Silverside			

Puzzle # 52

```
T F S N Y P A Y A O E N B T M
O X U S P V L D N I T S U K E
G Q E P N O E G D U G E I P U
U Y T U N A X T G Z I V W D P
H S I F K W A H Z A N C L I D
X A C A N T H U R O I D J H D
E N T H U J Y L R W P B H T D
I O B T U C S E S I R A F N A
L I H U Z G C S P N R B A E
U N F X R G A C A H L B A C H
N U V K A G I N W P O E S A T
K R N N S V A S D Z - L R T L
E G S I O A D L J E O N R O I
R K F R Z S A E L D R Q E N G
W U E D I N I R P Y C L B T M
```

Fishing Word List

Acanthuroid   Barbel   Burgall   Cyprinid

Gilthead   Grunion   Gudgeon   Hawkfish

Lunker   Nitsuke   Notacanthid   Payao

Piscivore   Scap-Net   Snagger   Tuna

Zanclid   Zander

Puzzle # 53

```
K Q J B H P I S C I C I D E M
N C E W D S W E L L - B O A T
K L A F Q I I N O L W O E E O
J C R B L W P F B E J L N F R
B L L E E K J E T L I I T L F
A U C G Z N L B L E M K A Y E
I Z O B N K I A V O V Z I M I
T M A R L I N P T T R L V P L
F E L M M Q G A S R U A E H E
I G F I G U M N D I Z B S V P
S B I Y X E C A A D F N E P O
H B S U R U L G L P W J J S L
E K H T S C R H Y Q E T B B L
R Z Q W A S M I K O A R O T A
Y W S B O G A N I B I K T S N
```

Fishing Word List

Baclad	Baitfishery	Coalfish	Eleotrid
Flymph	Kibinago	Kipe	Koaro
Marlin	Orfe	Piscicide	Pollan
Psarolepid	Spineback	Trematomine	Trepanging
Velvetfish	Well-Boat		

Puzzle # 54

R Y N I G O R O B U N A G F Z
G Y C Z S C W G W T D X I D D
K A H I H Z O B A E R S U I W
E C O H W T O D N D H N L Q D
Y R R P S J N I L C E L A I G
Q I K S G I M A A E E H L A B
V T O T U A F K C N T E L S R
B O R U T R E E O A H K O E O
Q L U O P S A I N P L I J D C
A E R N X Â B C E O W E S P H
W P K S E O T N S A T P O F E
Z I G E G W I É A V W S W C T
R D V B M P K K U N A B B Y T
X G S U E A Q U A R I I S T E
M P A T J O S I L U R I D A N

Fishing Word List

Acritolepid   Aquariist   Brochette   Chorkor
Codlet   Coelacanth   Epinephelid   Fishcake
Gade   Gobionellid   Nabby   Nigorobuna
Protamine   Pâté   Scarus   Siluridan
Stonefish   Tubesnout

Puzzle # 55

```
C  P  U  N  F  I  S  H  L  I  K  E  I  C  E
H  T  I  E  L  O  P  O  I  D  Q  V  C  N  L
A  N  A  T  N  K  L  G  C  P  I  M  L  Q  E
R  L  X  E  R  I  N  E  N  S  S  A  U  S  C
A  Z  E  S  M  E  C  W  T  W  I  N  N  Q  T
C  S  G  I  D  H  V  A  Z  E  L  G  G  M  R
I  T  I  I  S  Y  S  I  D  I  U  L  F  V  O
N  D  R  L  G  T  O  E  U  O  R  E  I  V  C
H  F  A  A  S  A  E  F  L  Q  E  W  S  N  Y
H  C  W  E  W  G  N  R  Q  F  A  O  H  Q  T
R  S  X  X  H  L  D  T  O  N  N  R  U  W  E
A  B  E  U  H  E  N  H  U  B  T  M  T  V  Z
B  R  I  I  K  P  U  E  O  R  H  N  B  U  T
G  F  R  A  N  Q  I  L  T  W  I  L  N  F  E
J  M  H  K  V  E  Z  K  B  J  A  D  X  Q  H
```

Fishing Word List

Angleworm	Anthia	Bluehead	Characin
Electrocyte	Elopoid	Fleshmeat	Giganturid
Haked	Leister	Lungfish	Odacine
Quivertip	Satsivi	Seine	Silure
Trawlnet	Unfishlike		

Puzzle # 56

```
S T U R G E O N C Z A N B N X
N I S H K I L P A N Z F L X M
S H E M D U R G A N R G O C Y
C S F I F I S H P O O L B A O
O I U K R U R A W A R U F R M
P F M D F C C H K X D X I P E
E R S N I B B U G A R R S L R
L E C H O O K S E T T E H I E
I F O Y N N U H T A O D L K R
D F F C E X T U N P B F E E X
Q U O L T A V K T P A I G A A
F P Q G L C M V P D Y S G T V
M V Q F N A J I Y Q U H O J Q
Y C C L T N F M M I L U P B W
Z J A E P T E R A S P I D I D
```

Fishing Word List

Blobfish	Carplike	Cuiui	Fishpool
Flathead	Gubbins	Hemdurgan	Hookset
Myomere	Pogge	Pteraspidid	Pufferfish
Rawaru	Redfish	Scopelid	Sturgeon
Tankmate	Thunny		

Puzzle # 57

```
P W T P K G D O L D I V G V R
M Q U A I R O A X G U Y A I Y
B E V I O K P O K A L A M P Y
Q W N P X N E O D S S T S E I
H K N H A H O - J E A J L R C
V E I E A B U Y P C I O A F Z
T E S A Y D U G K E D N L I Y
R H N L R T E L C N R M H S V
O C F Q P O E N E U B C B H K
D I C X H B M M L P F F H G O
S B B S O E F E O M U T R R K
T A G X S Y N A R C U A L V O
E B F I S H E R Y C W W Y H D
R P A N T O D O N T I D I Q A
V P U C H S I M A H S E E R Y
```

Fishing Word List

Alampy	Babiche	Dropnet	Fishery
Flybook	Goodein	Kokoda	Mahseer
Mendole	Menhaden	Mishcup	Pantodontid
Pike-Perch	Remora	Rodster	Synarcual
Tacklebox	Viperfish		

Puzzle # 58

```
N E E G R A Y L I N G M W V F
N K K B U G M B U S S R I S Y
D I I N B C I Z K U V O K A I
I L L Y K I Y P L T F F R H E
D N E X K F G U P D M I O T S
U O T G B G C E I E G N U I O
S M A W F N H R Y M R O N U C
O L K H U O E I G E R M D P I
T A S C B H E R O G C L F S D
O S A B P T Y E A D D A I U U
N R R M P H U K L S O S S O D
D H E O E O V L R E B N H W G
T P J A C K F I S H R O T G M
F O D A C A N T H O P T R I E
F A N S K A T E K U E O C A D
```

Fishing Word List

Acanthopt	Ahti	Bigeye	Dracunculus
Eeler	Esocid	Fanskate	Gipper
Grayling	Hiodontid	Jackfish	Notosudid
Pempherid	Rasbora	Roundfish	Salmoniform
Salmonlike	Skatelike		

Puzzle # 59

V P A B D I T O H P O L I W W
I I G F D I P Y B D N R Z P G
S R T A G F P I S H E L A O A
T A H J R B O H L H A C P S R
I R G D I O S P S C K C L T F
O U S Y E I O I J C N C O L I
P C S O F R F K R A I I V A S
H U L G L Y B E U G D P F R H
O K A C L E N I U H Y I I V D
R H C F Q U - A O R K Z D A H
I D Z S C O T L B U R B O T B
D V O H U O H S I F O B O R G
N E I F X F L L L K C I L T Y
Y D L I U T Y Q V I E H X O V
G H N I L I O N F I S H O Z U

Fishing Word List

Burbot   Ciguatoxin   Crenuchid   Derbio
Finclip   Flyfisher   Garfish   Garookuh
Hagfish   Istiophorid   Jadi   Lionfish
Lophotid   Pirarucu   Postlarva   Robofish
Sole-Like

Puzzle # 60

```
O G L F K H Q D O B S O N H L
I T N A I R U A H S M T V A S
P G T I L A P I N E U F S D A
Q O B F I F H F G K D L T D V
E O E L L A V E R C M C I O A
D D E A R R O W T A I L N C N
I E B N T M B H N L N X K K I
H I B Y I A M O U O N A B P L
C D I D V D J I K M O U A Y L
R Y L W M O L J L U W L I S A
A P L S V D L A X K N O T J R
N P F A K O X Y N G F P N O X
M M I K Q I M F E I S I H J F
Y K S A Y H S U S R U D S K R
G Y H H A I B H L N G Q T H D
```

Fishing Word List

Arrowtail
Dobson
Hauriant
Quinaldine
Tilapine

Aulopid
Goodeid
Milkfish
Savanilla
Volyer

Billfish
Gymnarchid
Mudminnow
Skish

Crevalle
Haddock
Omul
Stinkbait

Puzzle # 61

F B L E N N I I F O R M E B W
L C D I I R U S U R F C A S T
Y E R G I A M - E P U O S E A
M M L G L E R U A S G S P J O
A Z I G R J C E N T R E P I N
K N Z M F E A T H E R B A C K
E O I C H T H Y O C I D E R H
R K S A H P S A C Q D X E S S
B N N R Z K U B R J N N I Z I
O O E D D L K M M K I F V P F
P I N V V R L I Q L E O U S D
P D F I N F O V H U V G Z G L
H J F U T B T G L Q S E J Q O
O V V I D O I B U V M X X C G
U K D H V H N A M O W H S I F

Fishing Word List

Blenniiform	Bluefish	Bonito	Centrepin
Featherback	Fishwoman	Flymaker	Goldfish
Hask	Highliner	Ichthyocide	Nigiri
Saurel	Soupe-Maigre	Surfcast	Tolkusha
Vimba			

Puzzle # 62

```
U Q A J A C O P E V E R M N Y
B R R N S F N X T W E J S I X
X H O O T A H I D G C F A F N
W U T U Y I G A N W Y M Z G F
C S L A G E F O T E S E A N Y
W A C J R H M I R N Q S N O R
G A U F X H H P S E U O W L H
S I I F S E S E C H D N O B S
Q S M I H O I R A J X G T L A
H N F K W Q O R M D Y I L W I
T Y G E L G H O B P I B T E L
Z G U R N E T W G I L Q X F F
M E L A N O N I D W T H T R I
Y H P I S C A T O R I A L M S
N S U O L O C I C S I P K B H
```

Fishing Word List

Antifish	Bignose	Cauf	Fishmonger
Gorce	Gurnet	Jacopever	Longfin
Melanonid	Osprey	Piscatorial	Piscicolous
Roughhead	Sacayan	Sailfish	Sazan
Tibrie	Tigerfish		

Puzzle # 63

```
K L T A Q N W Z D Z I H C N R
M A P I N Q E A D E H Y K E T
R T L L A T I R R H W Z D R H
O I X S U N I G T Y R G G E S
E M A Q Y N U F H W F R J I I
B E R W C A K W I L U I S D F
I R G W P T A E O S B P S O N
R I C O T H O T R Y H X P H R
N D T I A B E T I H W I I H O
A E R I D S V W O C E E N C H
V J K J C A T B O A T H G G T
I M A O M A O D F X B F I T I
R S K I M B A C K N Y A C L A
U I J Y K K J W G B E G T I Y
S T I L E F I S H V Z C F E E
```

Fishing Word List

Antifishing	Begti	Birnavirus	Catboat
Guapote	Gwyniad	Latimerid	Maomao
Nereid	Plunker	Roe	Skimback
Thornfish	Tilefish	Totoaba	Tren
Waryfish	Whitebait		

Puzzle # 64

```
N U D P A I P A L I T O Z T T
A I B I S Q A G N X X B U E I
R B F X O P U E V B A R F N K
I J X W H R O I C M M G N E E
D L Q W O G E O V H G F X K J
O W F A C B M T N E E Y Z A I
R A I A P J O I P P R N H T M
H T S M E B T S W Y L T E S E
T E H Z Y Z S Q A Y L U I I M
R R E G V K O T T W H O G P D
A H R O W E S C H Q B G S S C
C O Y P F N Y L J Y N E H T Y
P R I I X C H P Y I P A L L M
U S A F I H P Z W L R W Q L O
Q E N P P S T O C K F I S H Y
```

Fishing Word List

Arthrodiran	Bowfin	Echeneid	Fishery
Ikejime	Kench	Physostome	Polypteroid
Porgy	Quivertip	Sawbelly	Shark
Spoonplug	Stakenet	Stockfish	Tilapia
Waterhorse	Wing		

Puzzle # 65

H P A M X D B S E M K L D H S
E T M R V I Y A R S A A P H S
W R A R C T K F B G H B Z B N
H I B O U T L O E E C O B I A
P E P T B D O R D M K K L R K
R W I H S H D L R I V P Y X Z
O H S I A E C E E K M T Q B P
M S C T M G H T R P F U I A I
O I E B R T F S A F I D N L S
C F S P O Z Q I I H I D T A C
R X E T W D M J S F I S A C I
E Z C I L T A O S H C H H H V
P E O R K F C Y R X I J J O O
S P B U R I L M O I W N B N R
F I S H E N P U L G D Y G G Y

Fishing Word List

Arctolepid	Balachong	Cobia	Ectotherm
Fishen	Fishest	Fishweir	Hagfishing
Hatchboat	Kebab	Kodimunai	Medregal
Morid	Percomorph	Pikie	Pisces
Piscivory	Rudderfish		

Puzzle # 66

```
F B F U A K E E P N E T F O K
B O I M X O M T I L G Y Y J N
C C S A R T F A L F H N E P I
L A H M C L M A I L S W H I F
O R B I E R Y S L E F S M B E
W O E M U K H O A I C D V T J
N N L S R L R - S L J A J O A
F E L G I D R H Q C L K L N W
I S Y N N U H O L O S T E A N
S L G A F I A B U L L P O U T
H E H F D B F I S H C A M X N
B A R R A C U D I N A V P A Y
A O C M D S W A T E R Z O O I
Q Q U N S H A D I N E I X A Z
Q Z Q U H I H J U M P R O C K
```

Fishing Word List

Barracudina   Bocarones   Bullpout   Clownfish
Fishbelly   Fishcam   Fishling   Handroll
Holostean   Jewfish   Jumprock   Keepnet
Knifejaw   Sea-Ruff   Shadine   Surmai
Umami   Waterzooi

Puzzle # 67

S A I H Y P O P T Y C H I D D D
G O F I A U K E C I L L A D E E
U R E R S C H N A P P E R N T T
M K F S E F S M Q Q J Z G A O O
L D F I B E U W G Y F J M I N N
B C I B S H S D I I W Q R T M M
C O L N Z H F P S M S A O S Y Y
L G N I I I T H O J B L F I G G
U P X Y N T W A R O S A I N J J
P Z T Z T O C N I V L N I I L L
E J D Q R O S A J L Q Q B T C C
O L B K O Y N T O W G C O C V V
I S E C R X I G O L N C G A A A
D R R A C A R A U M P D G N A A
A R A P A I M I D E E A D C N N

Fishing Word List

Acara	Actinistian	Allice	Aploactinid
Arapaimid	Bonytongue	Clinostome	Clupeoid
Fishtail	Fishworker	Freespool	Gobiiform
Gymnote	Hypoptychid	Kuai	Schnapper
Swimbait			

Puzzle # 68

L B E A C H S A L M O N F G D
D F I L E F I S H C E M V X I
U Q J L J S C W Z A B P Y S K
L R M I H Z C N D R O H D H Y
W F H A O S V I R P D Y I R J
K A U T G U I Y A O J C C I B
I L U E O M N F K E E I E M F
N L K L D F O I A E N D L P J
I F G I V M B O G G G A A F X
L I I F K O E A N H E U G I R
A S F P T N T R S F K M E S E
W H C J I E H Y L A I U R H T
I J Y M M T Z P A I L S O N S
X F P B Y Z F Q C N N S H G I
L A M P R I D I D L C G I W L

Fishing Word List

Beachsalmon   Carp   Fallfish   Filefish

Filetail   Kinilaw   Lampridid   Lister

Megafish   Merling   Metagee   Moonfish

Nimp   Phycid   Regalecid   Sciaena

Shrimpfish   Tobiko

Puzzle # 69

```
F Q V T O S T R A C I O N T I
J I K H I K D G M U B G P K G
F Q N Z B N W A F X E O C K A
U I N F S B H N W T L G H A L
S K S T I C Q G R L T K A S E
W S G H N S N E M T F R R T A
O F M E M I H W I R I X A E S
R V T C H E N V L I S A C R P
D M W S W C A D T N H A I O I
F G I B F Q C L E K M H F S D
I F K X B E M B R I D W O T J
S U R U N I N O C Y R B R E Y
H W Q S H I O Y A K I B M I I
D E S I L L A G O U G C C D D
S O M Z Q K S U I S A G N A P
```

Fishing Word List

Asterosteid	Beltfish	Bembrid	Bryconin
Characiform	Finfish	Fishing	Fishmeal
Galeaspid	Gange	Milter	Ostraciont
Pangasius	Shioyaki	Sillago	Swordfish
Tench	Trink		

Puzzle # 70

Z J O S C G B H R A T F I S H
K L S Z J G F C S Z P X Y P I
L O A T S W N I Y P E N Y L Q
P O Y M T F Q W S U I I F U E
A S N L P E I H O H J L D B A
R S N G K R B S P D B Z L W X
R K T O L D I I H D K A I E N
O N P E E I U F E H R O L J T
T I W B R N N J O F E H O L P
F P O E T O H E O R S A R L R
I L U K A Y L H R O M A D P V
S U M C P H G E T Y C F M H N
H C Q W B P M S P A L C J U T
O S A I I A Q K S I Q Z K Z H
K S U P E R L I N E D P L E C

Fishing Word List

Aphyonid   Asterolepid   Fishball   Fishhead
Fishwich   Lampriform   Longliner   Lookdown
Neons   Parrotfish   Plec   Ratfish
Sculpin   Spillet   Stosh   Superline
Zeid

Answers

Puzzle # 1

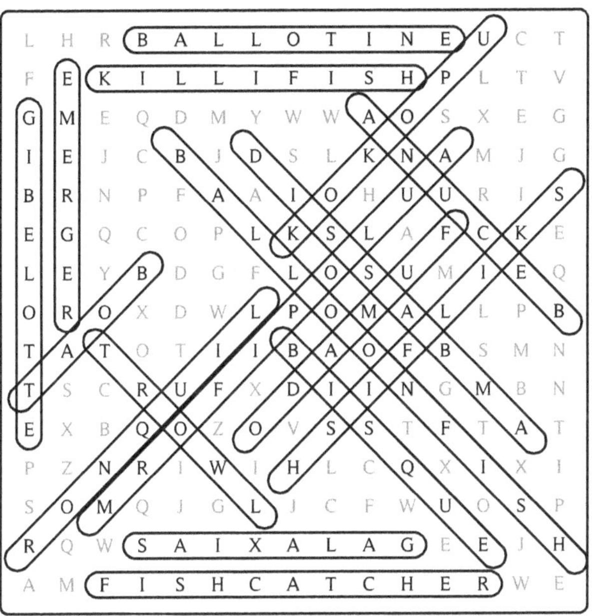

Puzzle # 2

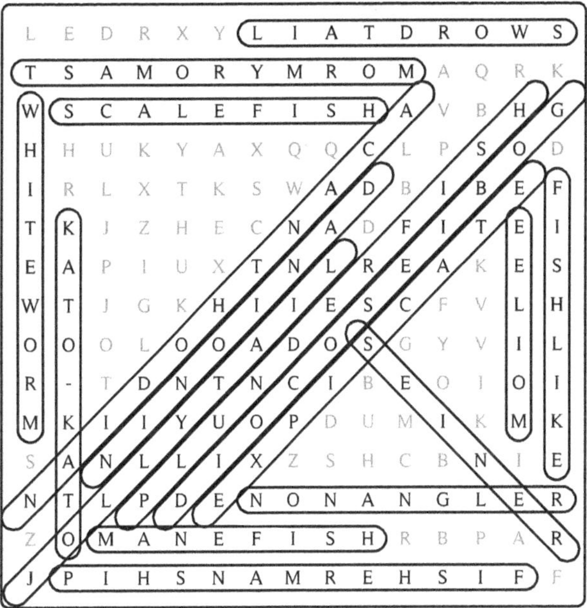

Puzzle # 3

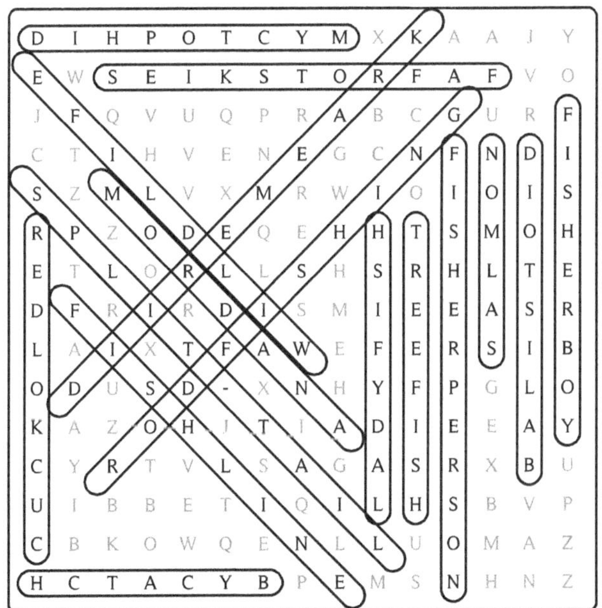

Puzzle # 4

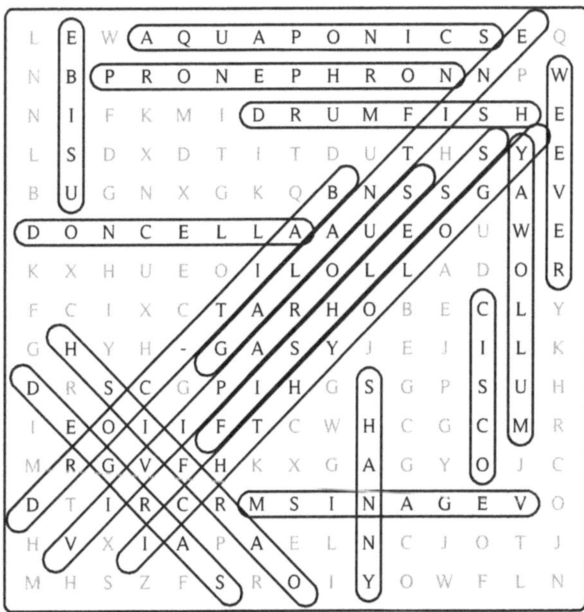

Puzzle # 5

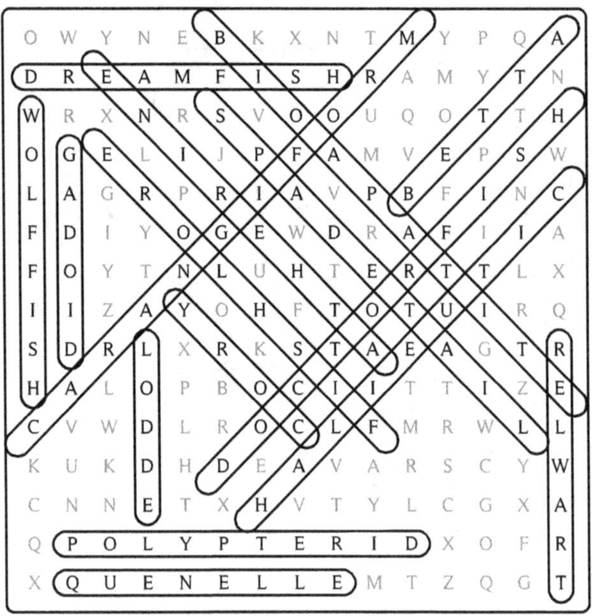

Puzzle # 6

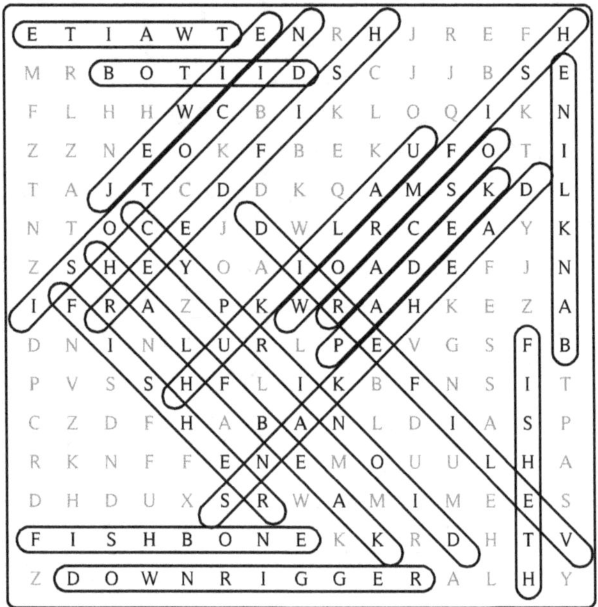

Puzzle # 7

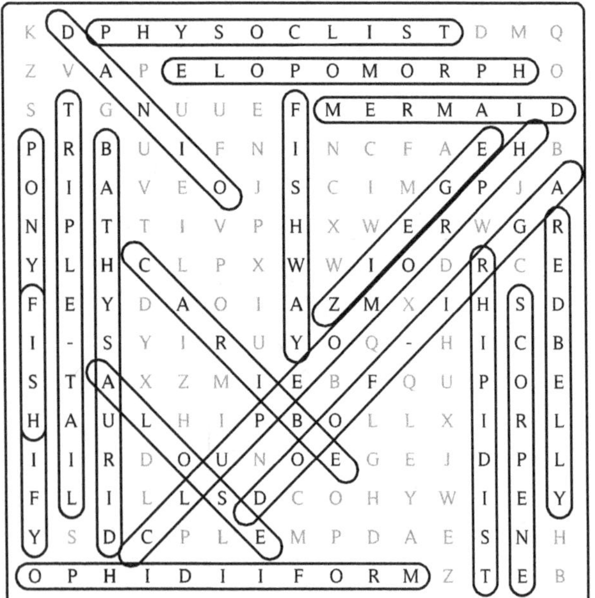

Puzzle # 8

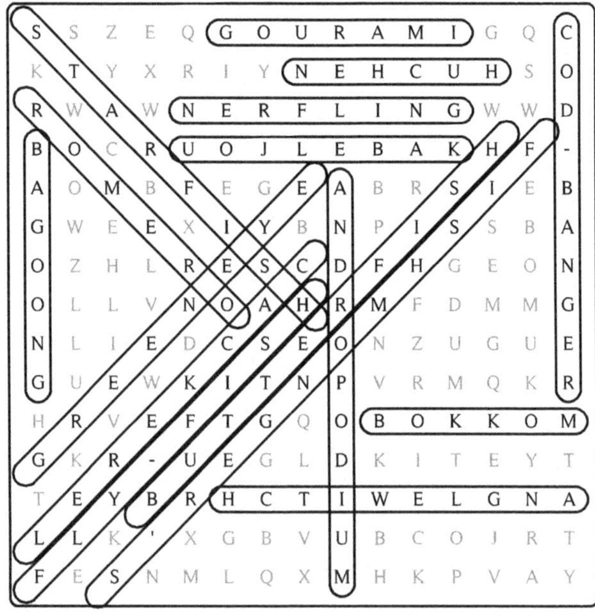

Puzzle # 9

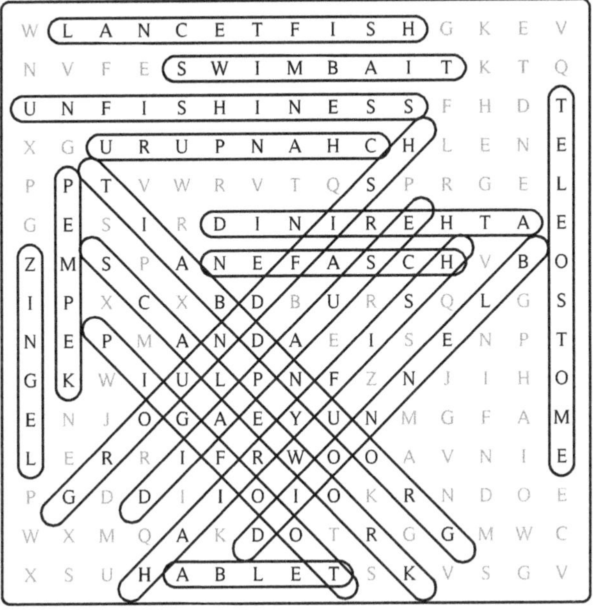

Puzzle # 10

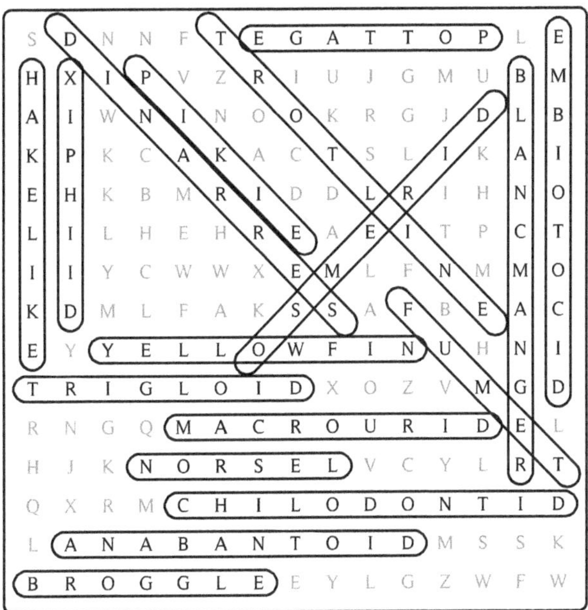

Puzzle # 11

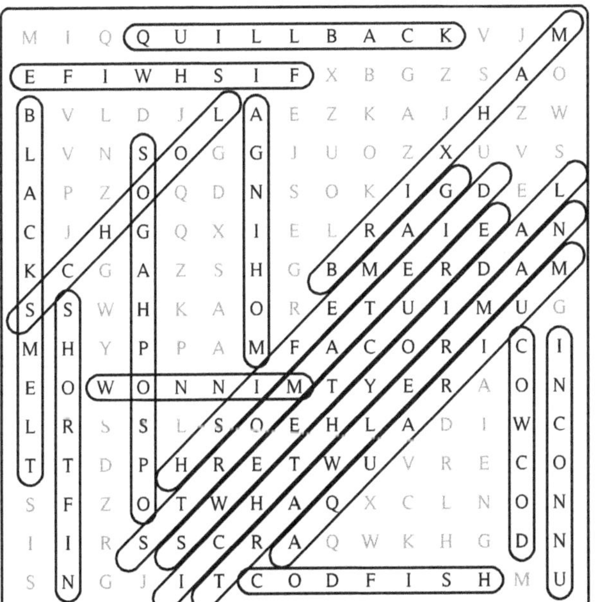

Puzzle # 12

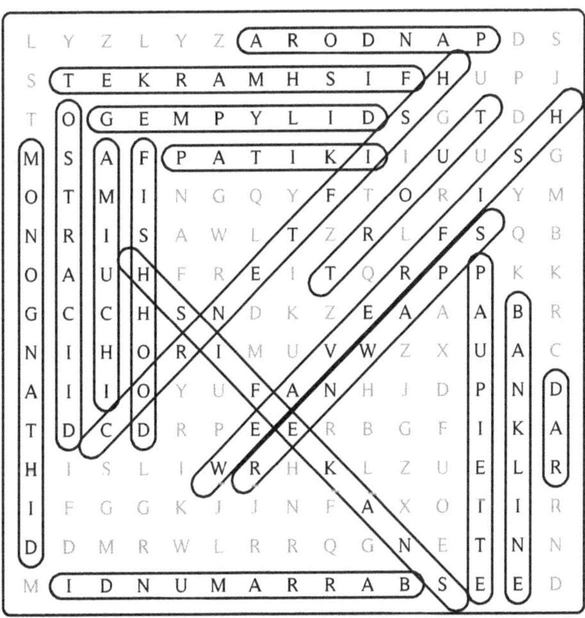

Puzzle # 13

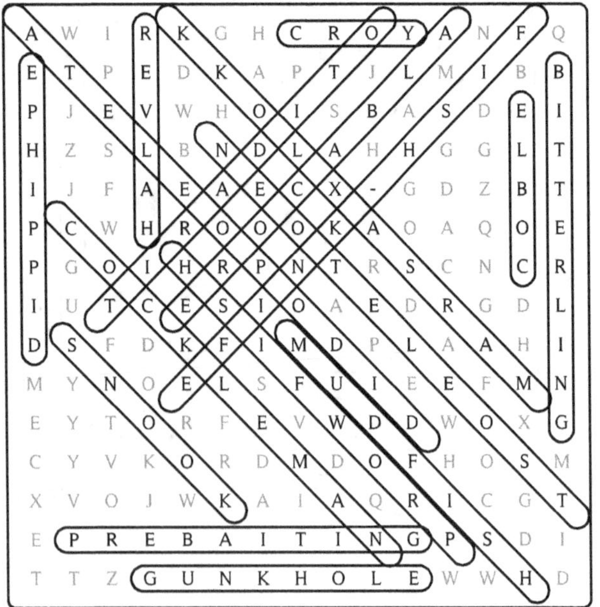

Puzzle # 14

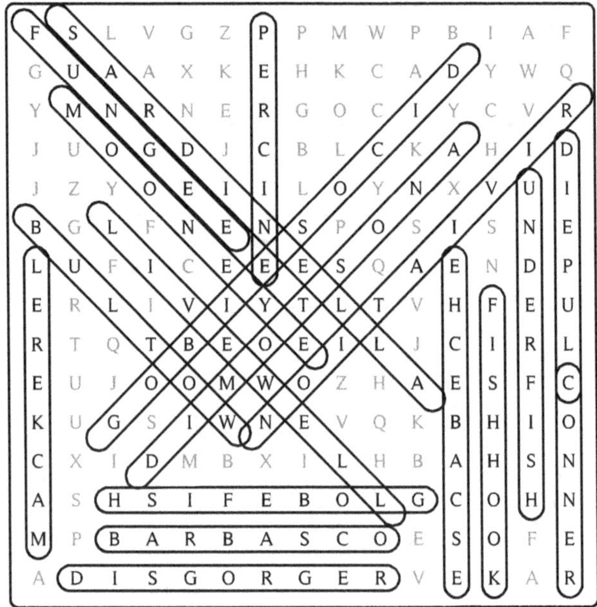

Puzzle # 15

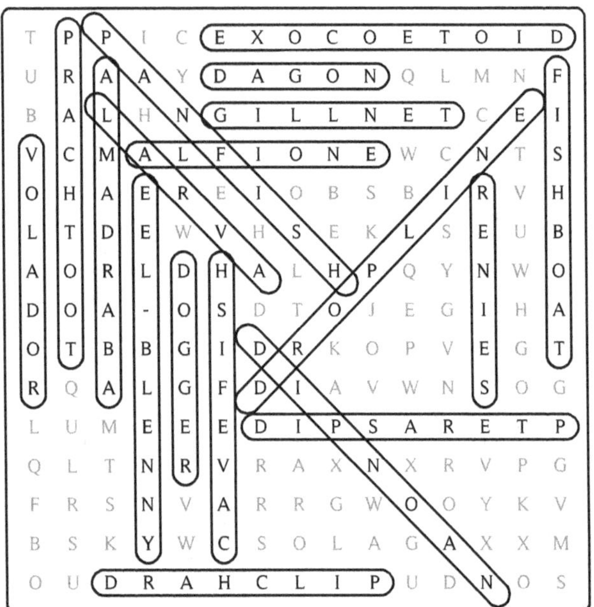

Puzzle # 16

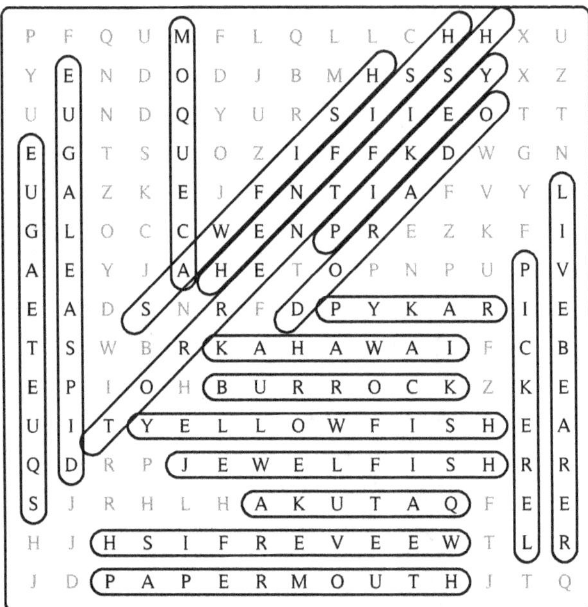

Puzzle # 17

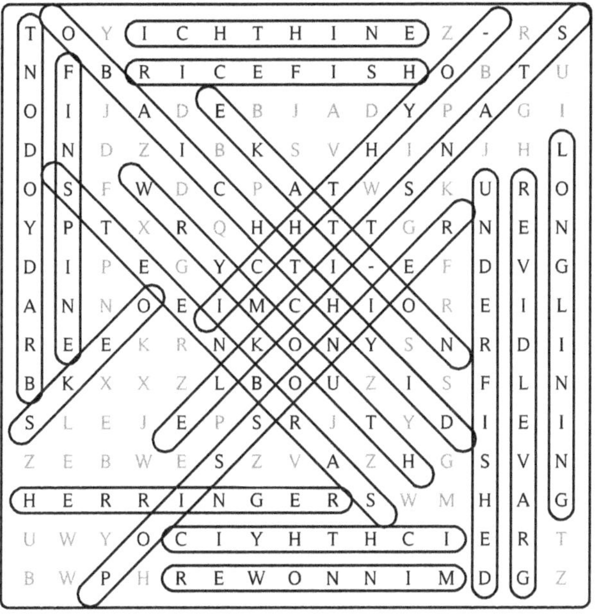

Puzzle # 18

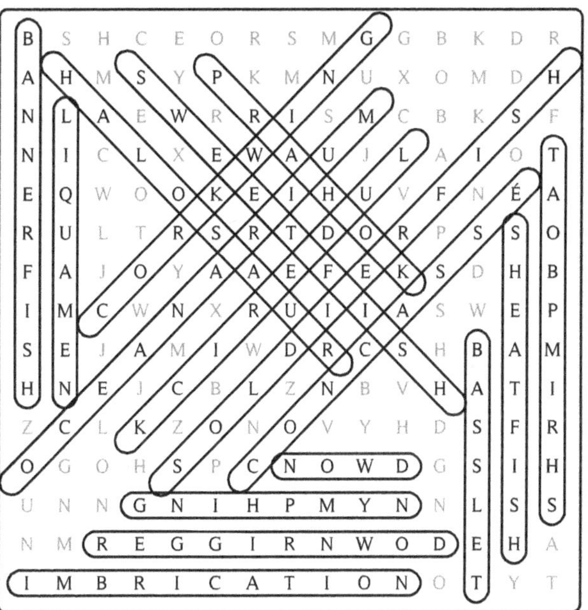

Puzzle # 19

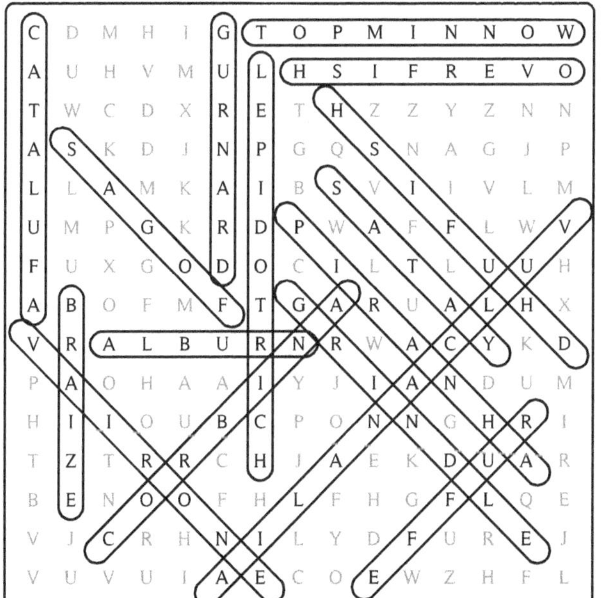

Puzzle # 20

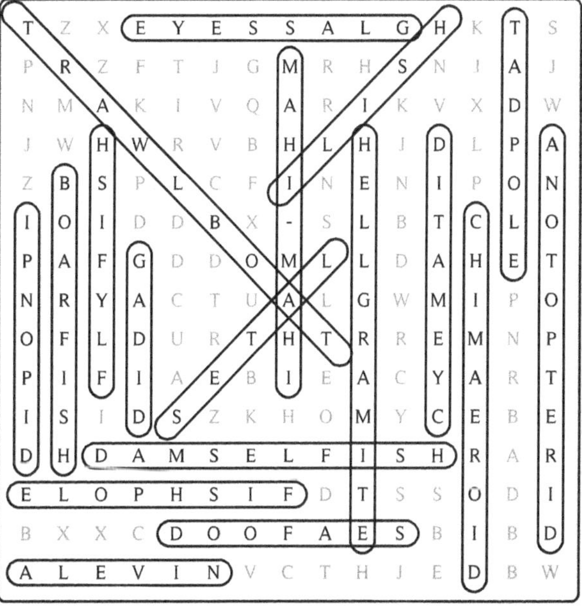

Puzzle # 21

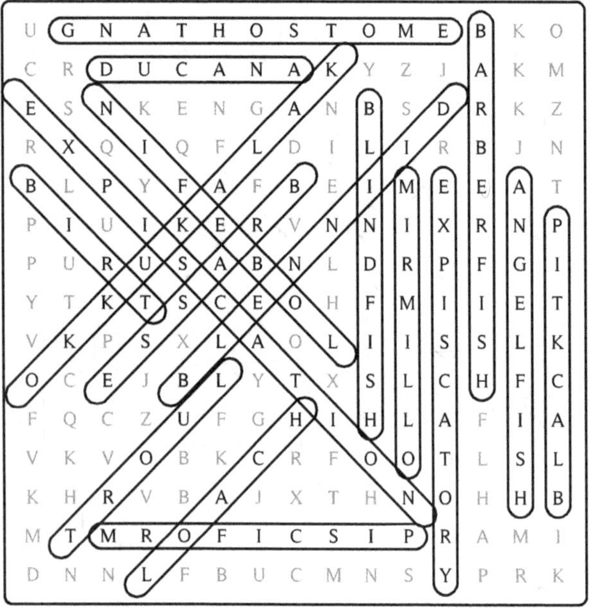

Puzzle # 22

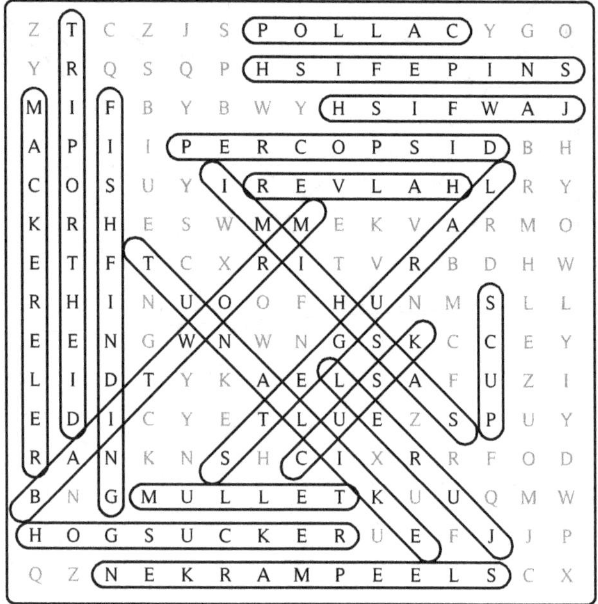

Puzzle # 23

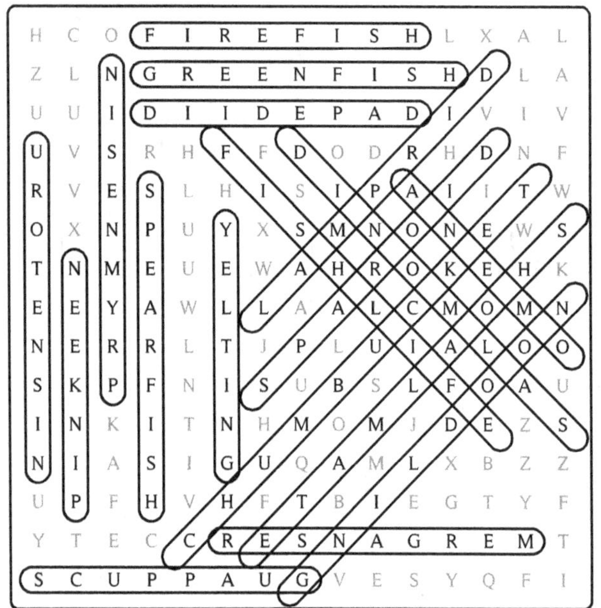

Puzzle # 24

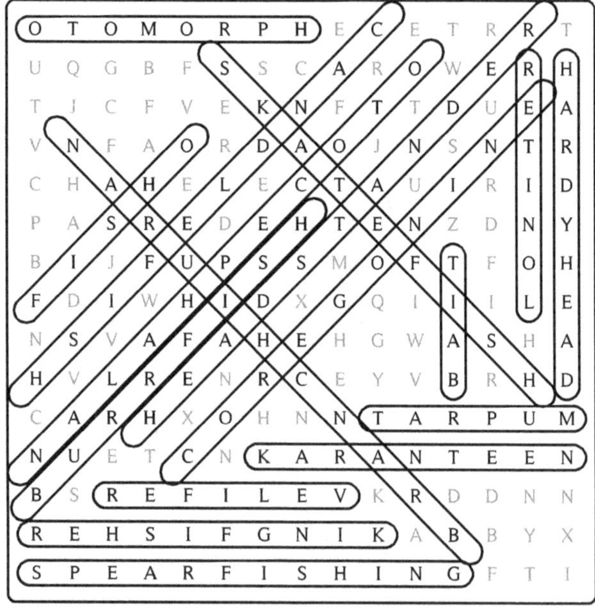

Puzzle # 25

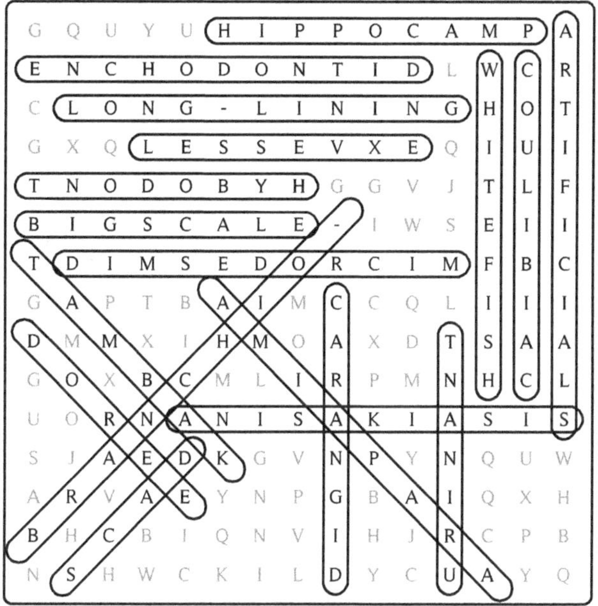

Puzzle # 26

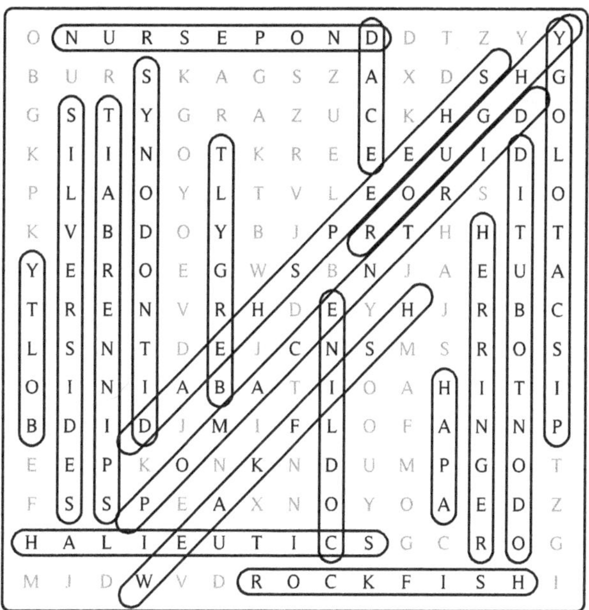

Puzzle # 27

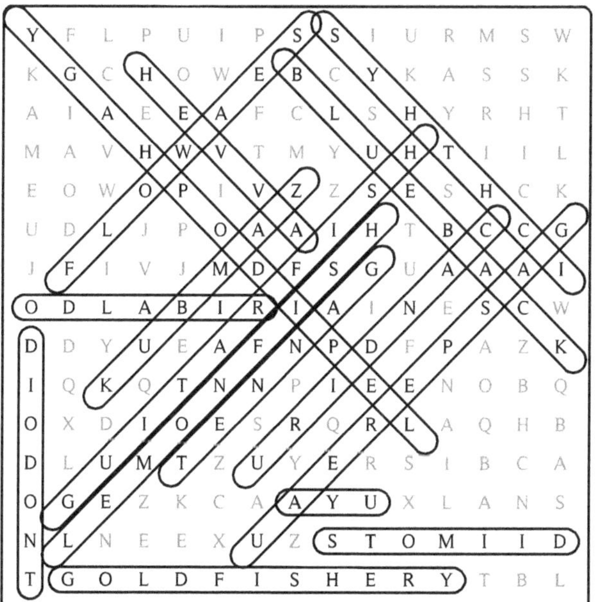

Puzzle # 28

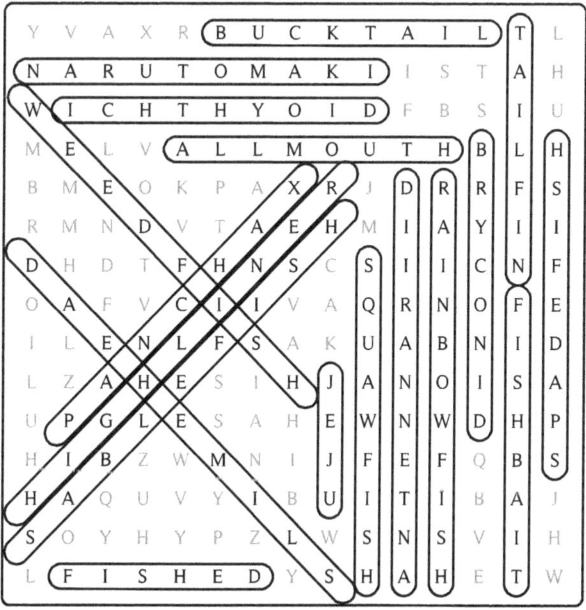

Puzzle # 29

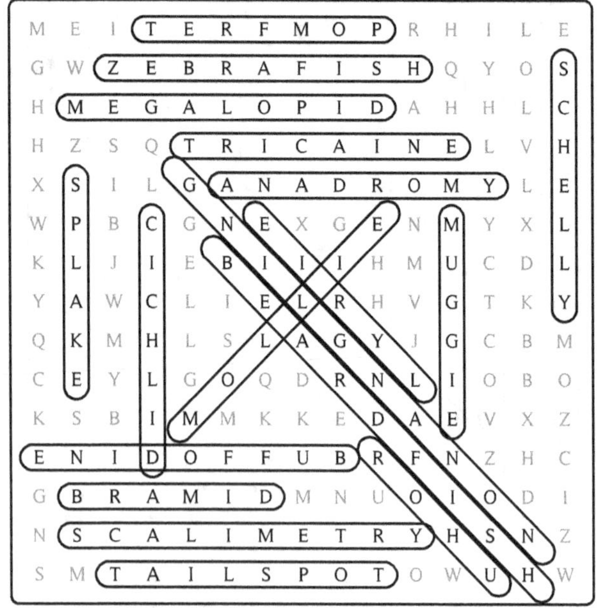

Puzzle # 30

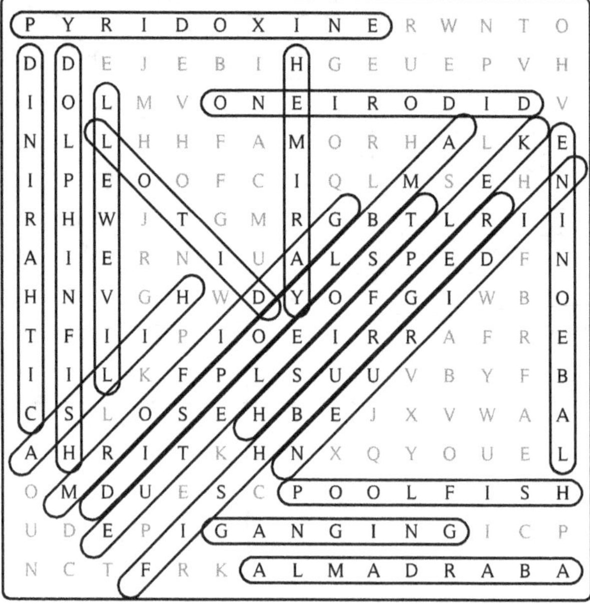

Puzzle # 31

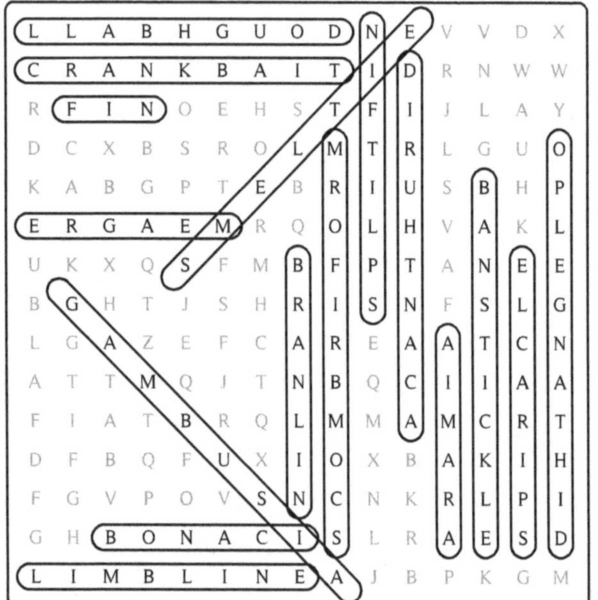

Puzzle # 32

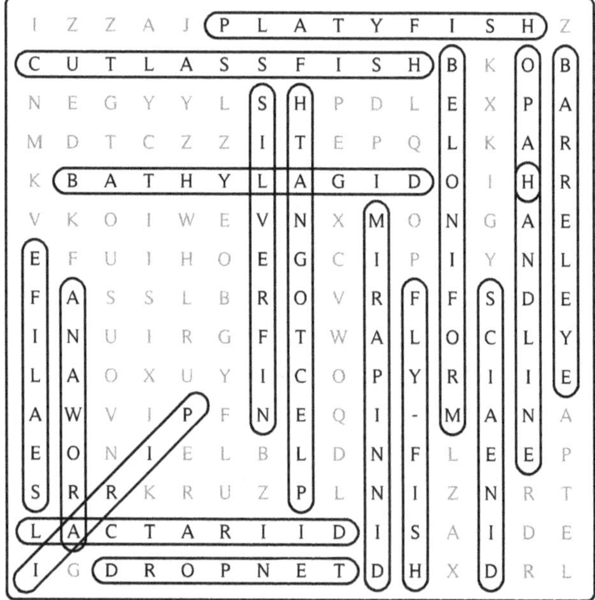

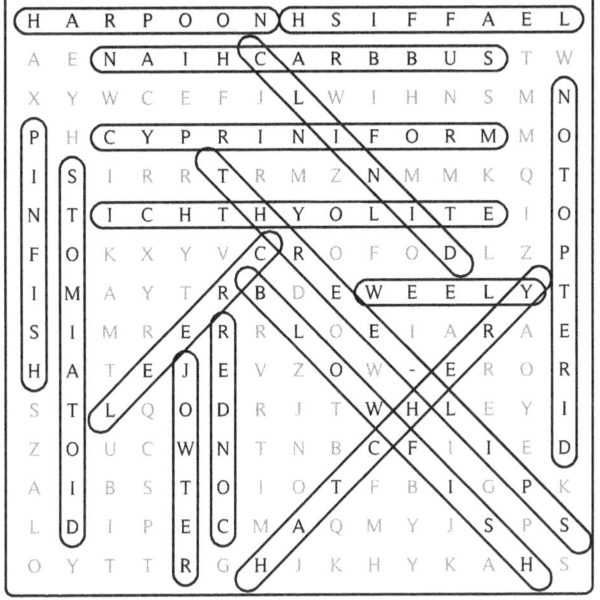

Puzzle # 33

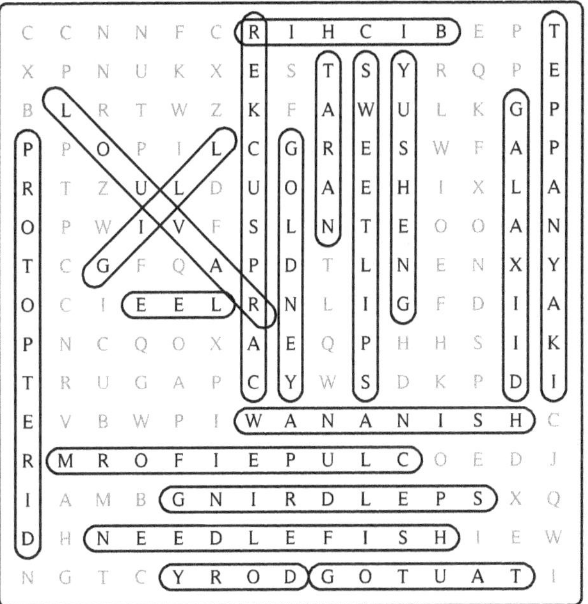

Puzzle # 34

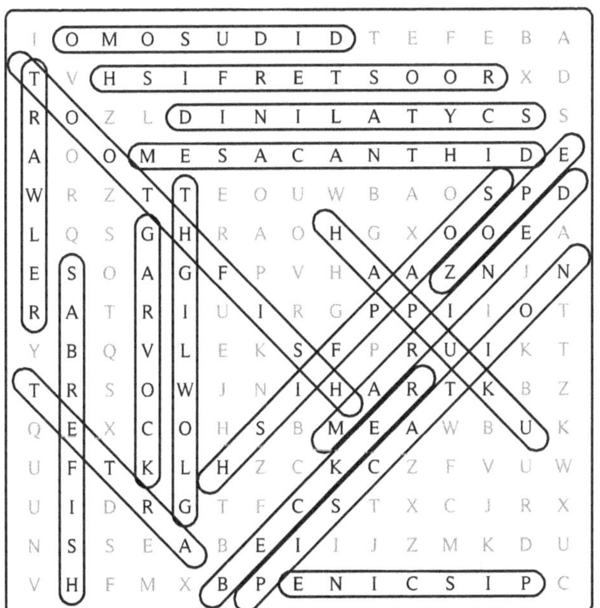

Puzzle # 35

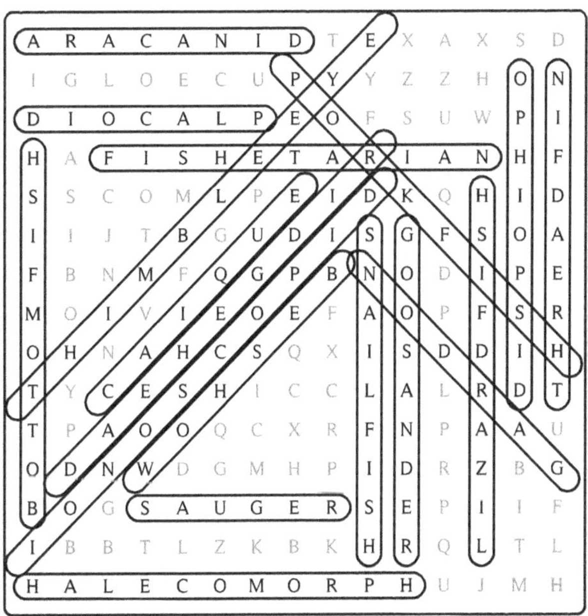

Puzzle # 36

Puzzle # 37

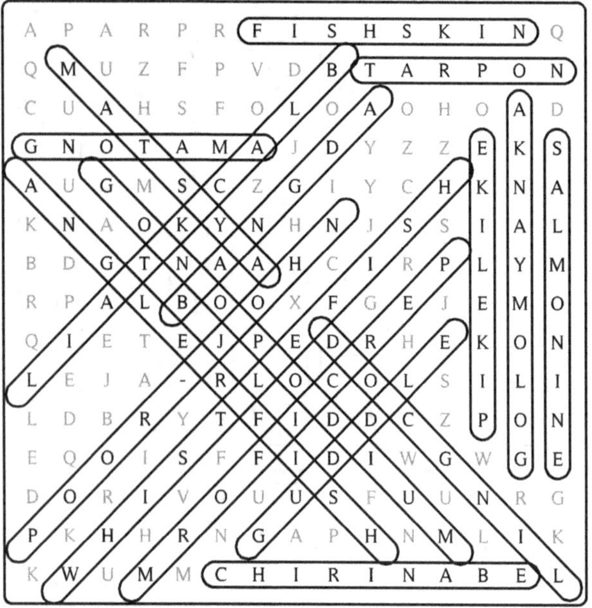

Puzzle # 38

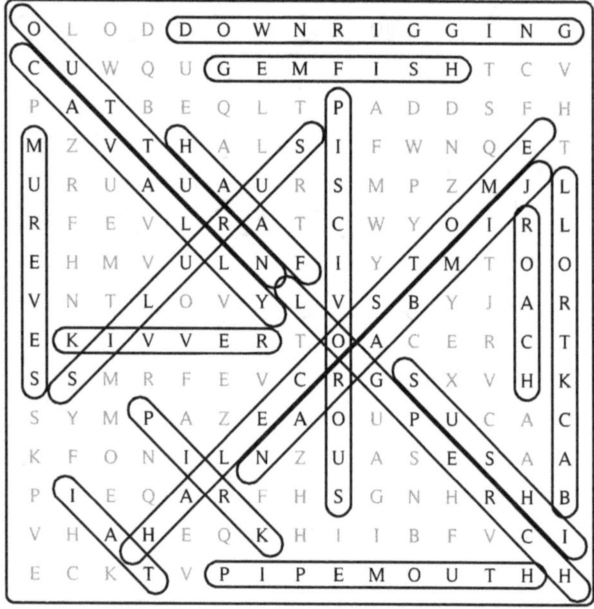

Puzzle # 39

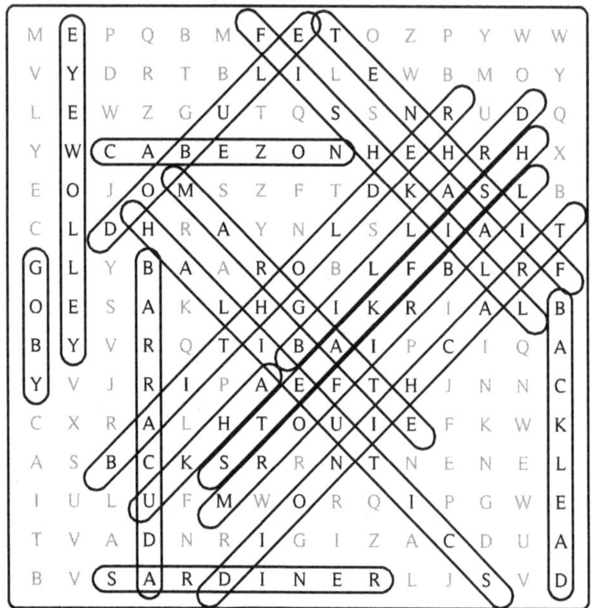

Puzzle # 40

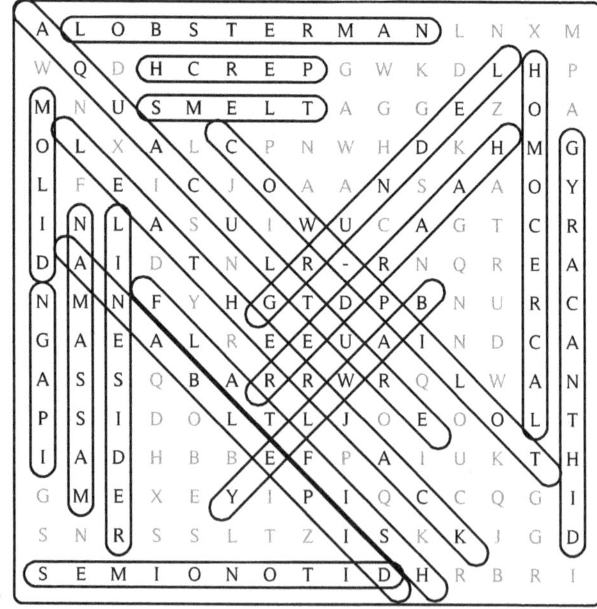

Puzzle # 41

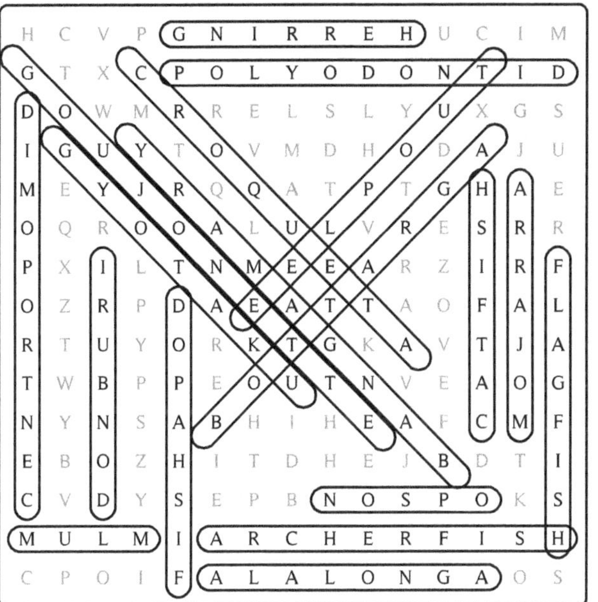

Puzzle # 42

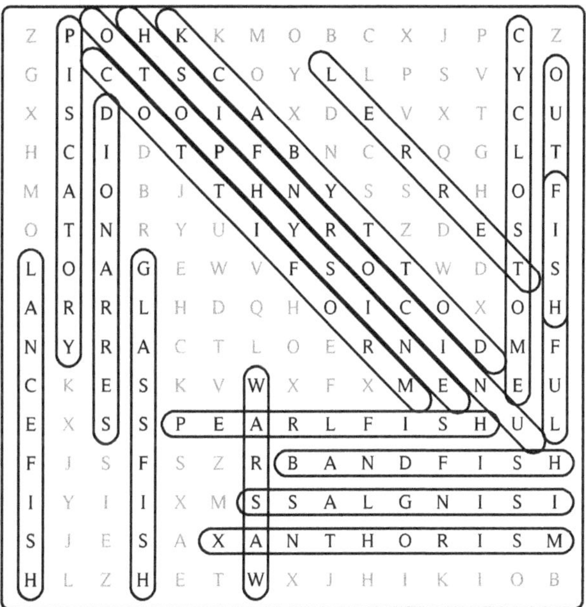

Puzzle # 43

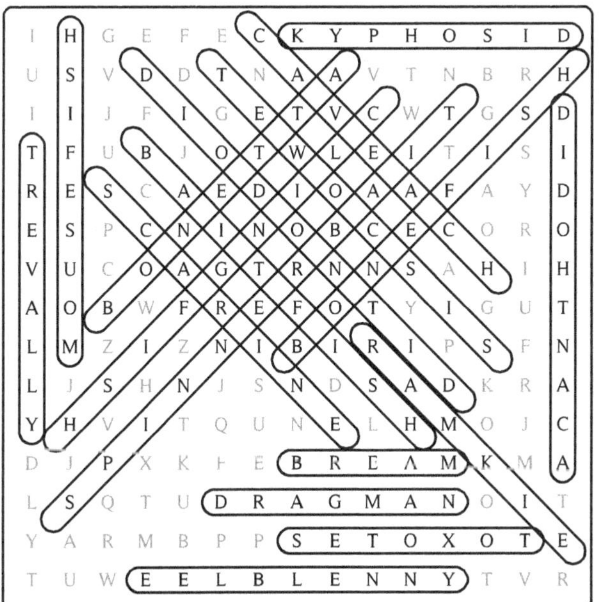

Puzzle # 44

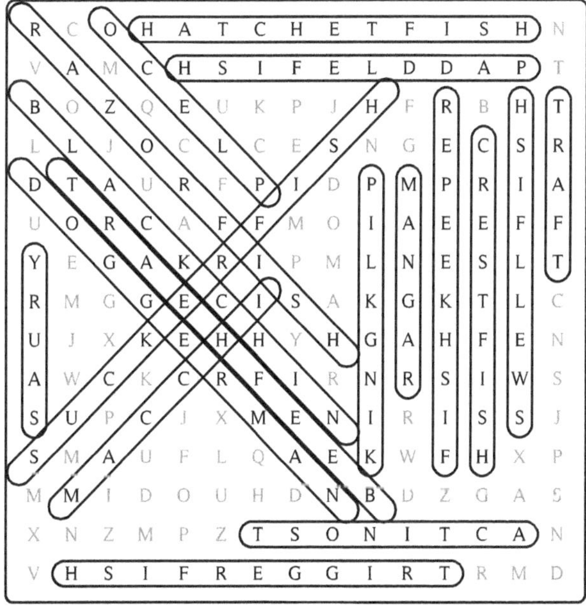

Puzzle # 45

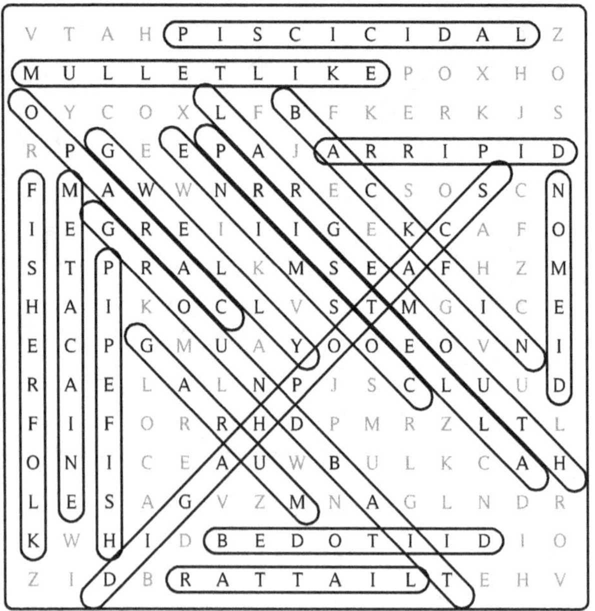

Puzzle # 46

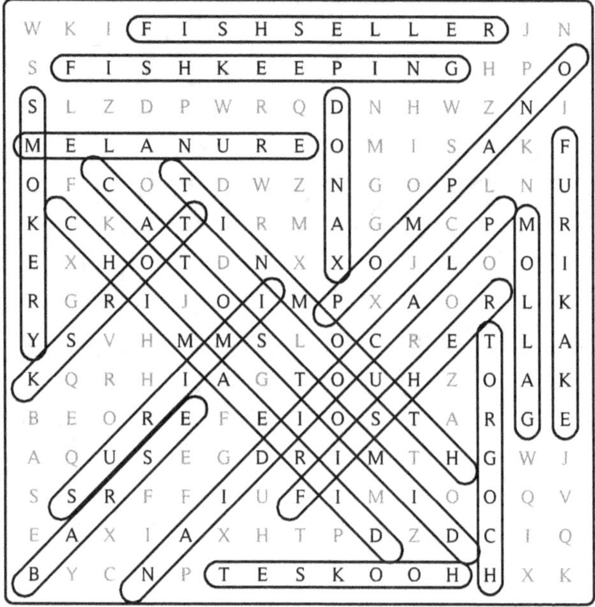

Puzzle # 47

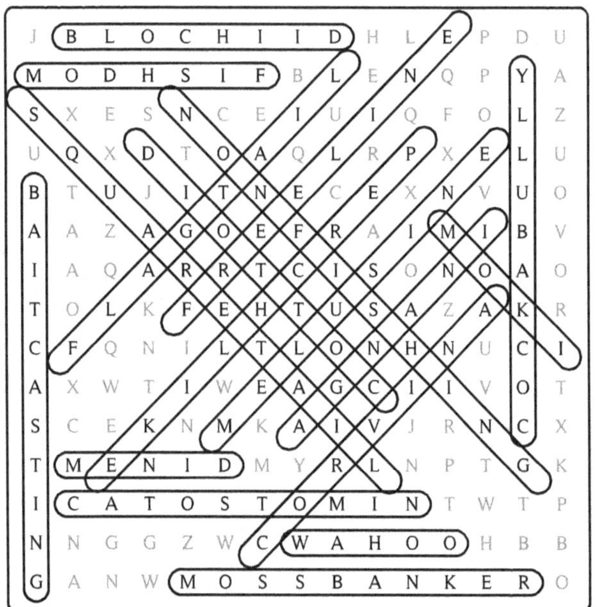

Puzzle # 48

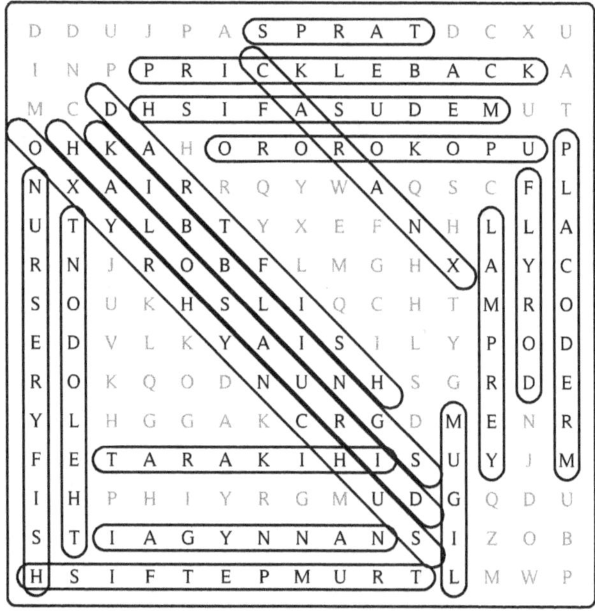

Puzzle # 49

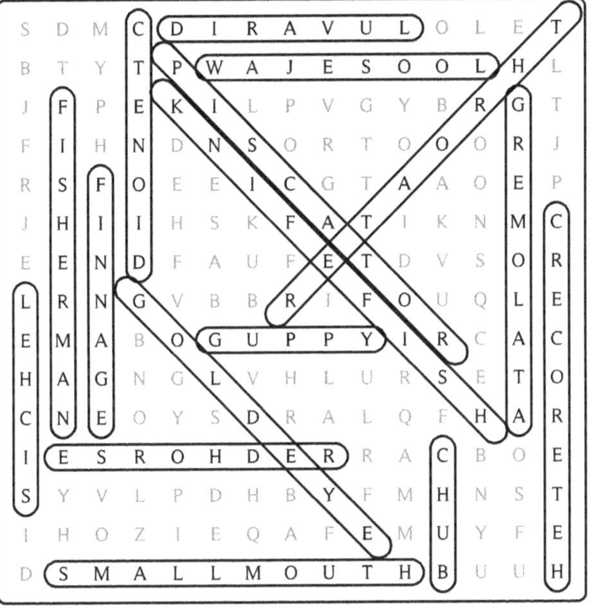

Puzzle # 50

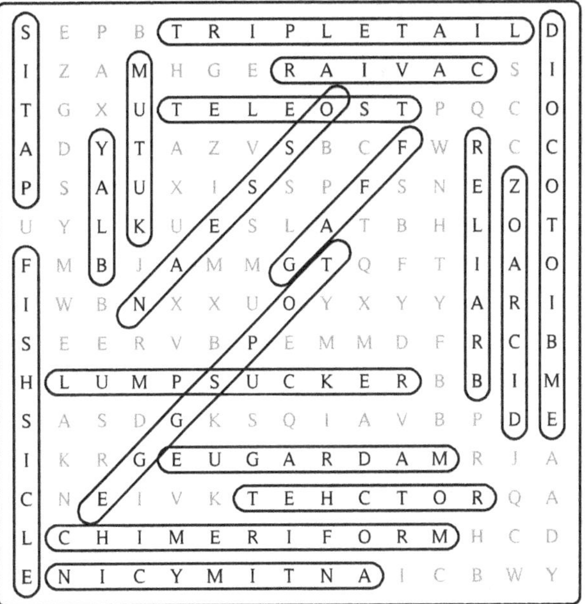

Puzzle # 51

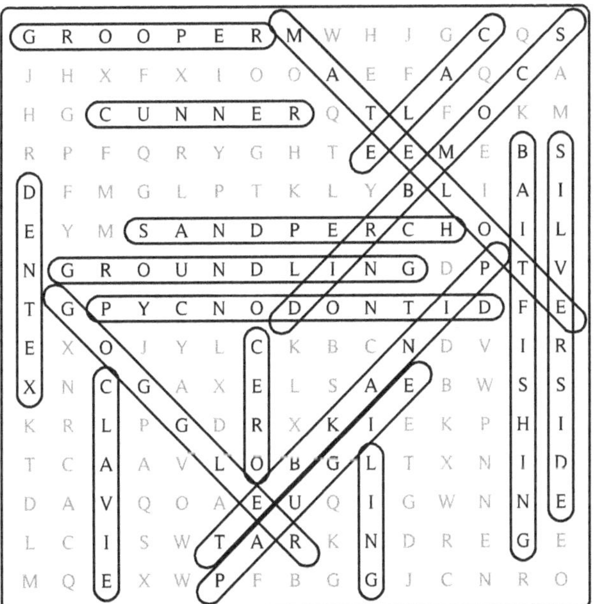

Puzzle # 52

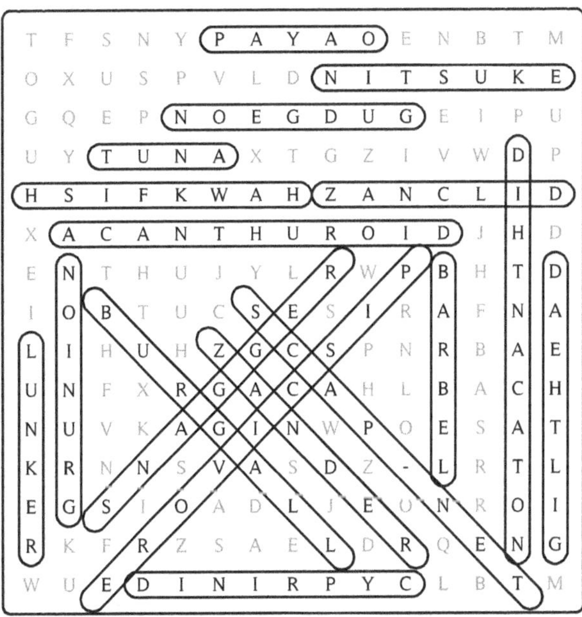

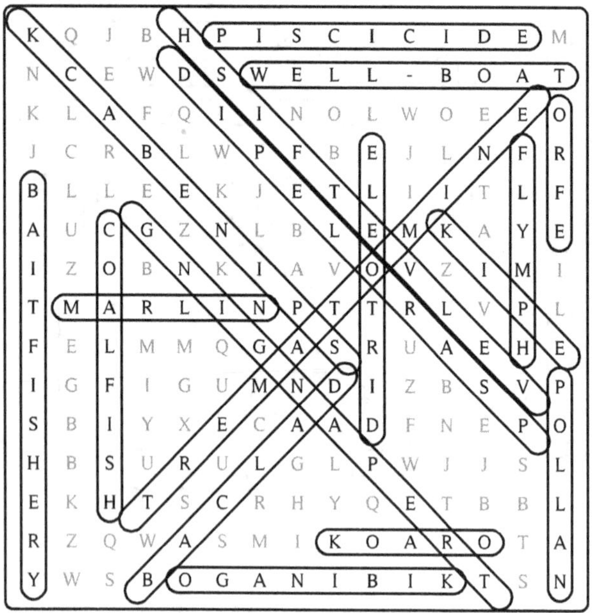

Puzzle # 53

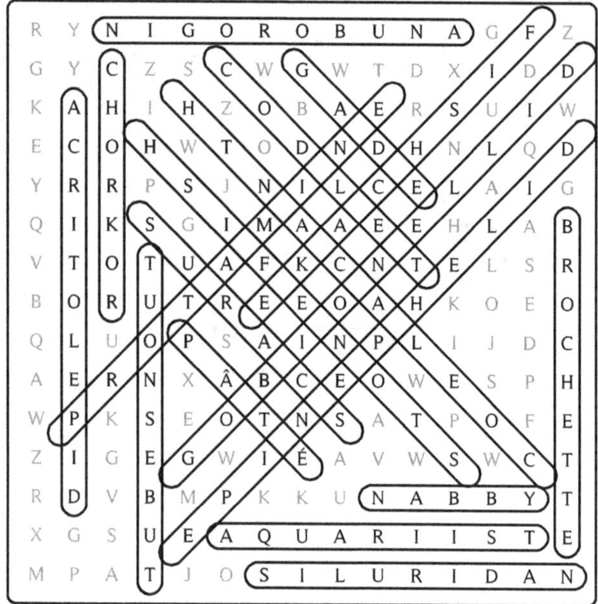

Puzzle # 54

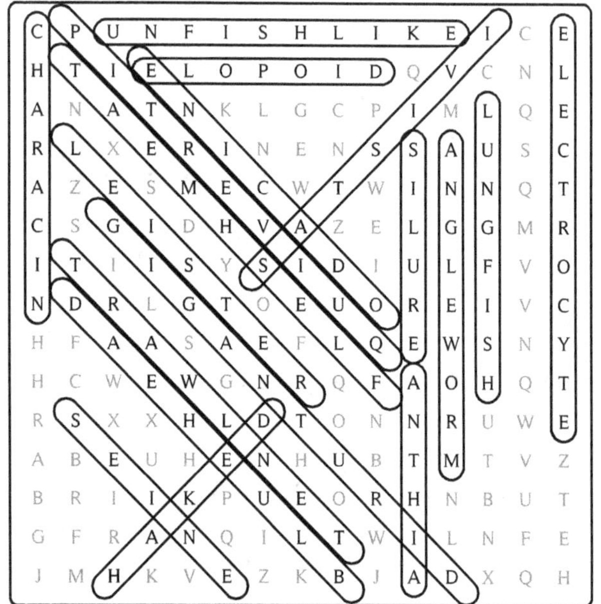

Puzzle # 55

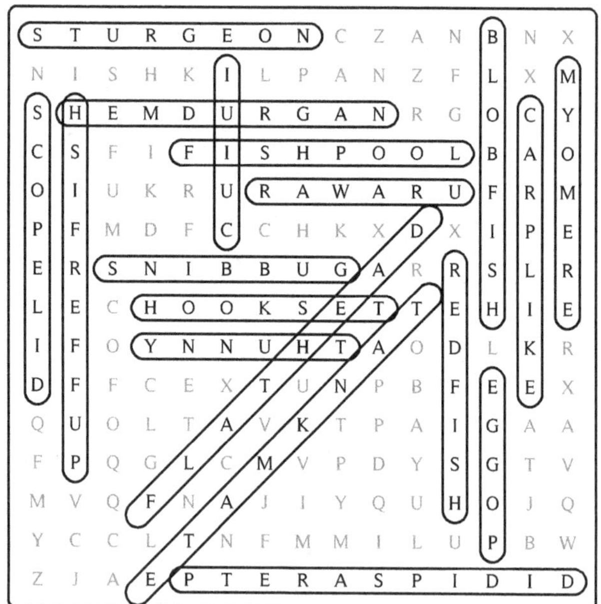

Puzzle # 56

Puzzle # 57

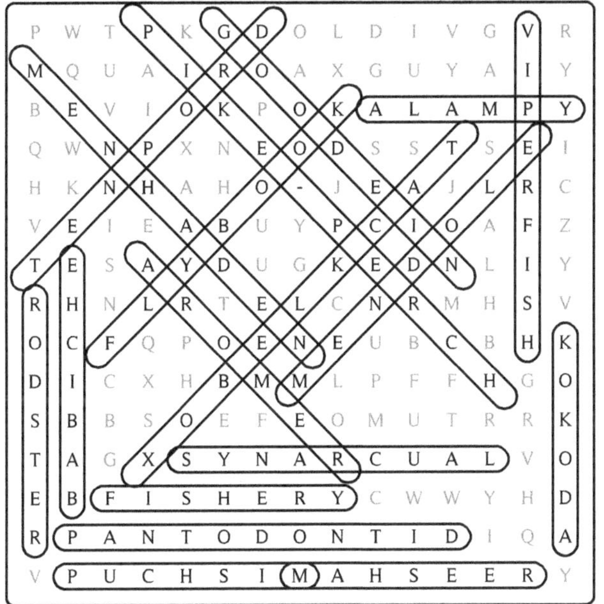

Puzzle # 58

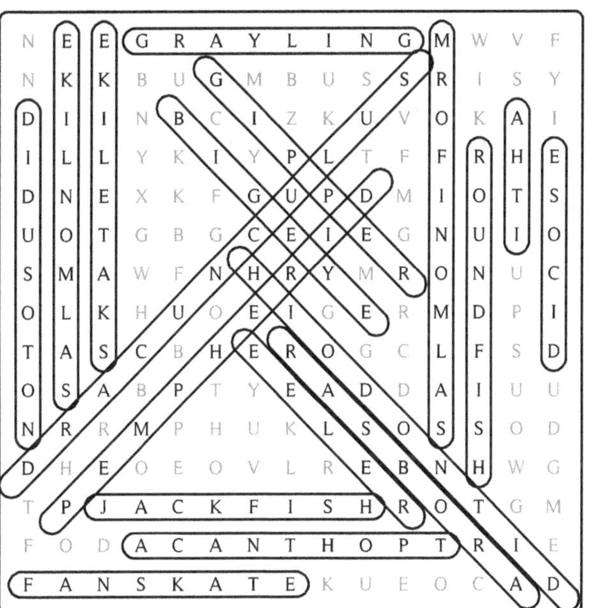

Puzzle # 59

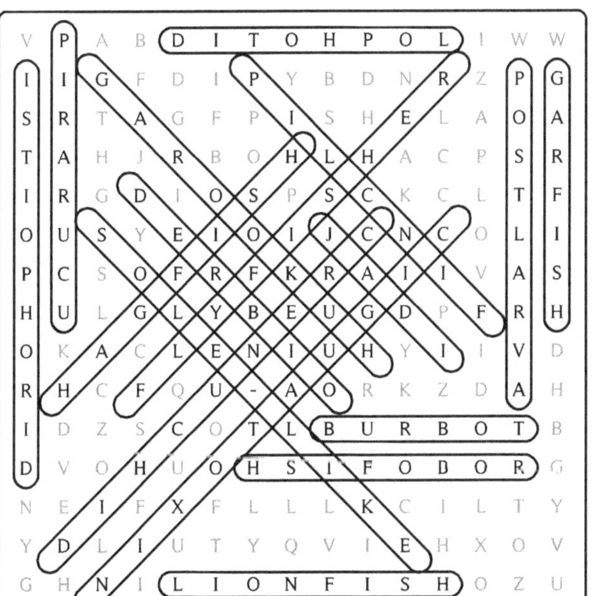

Puzzle # 60

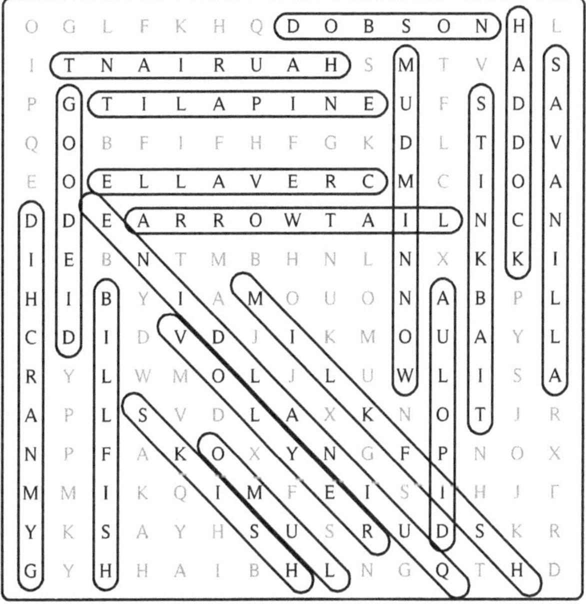

Puzzle # 61

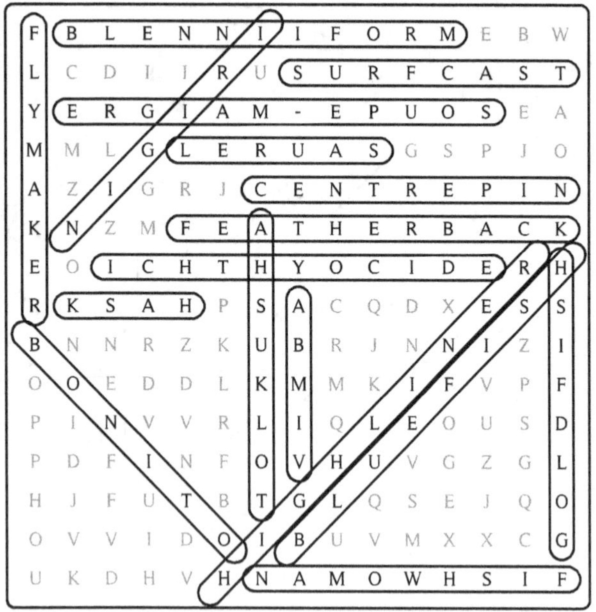

Puzzle # 62

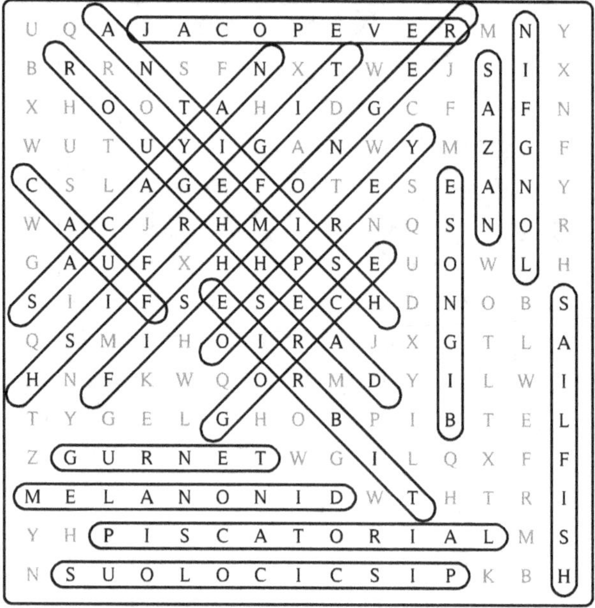

Puzzle # 63

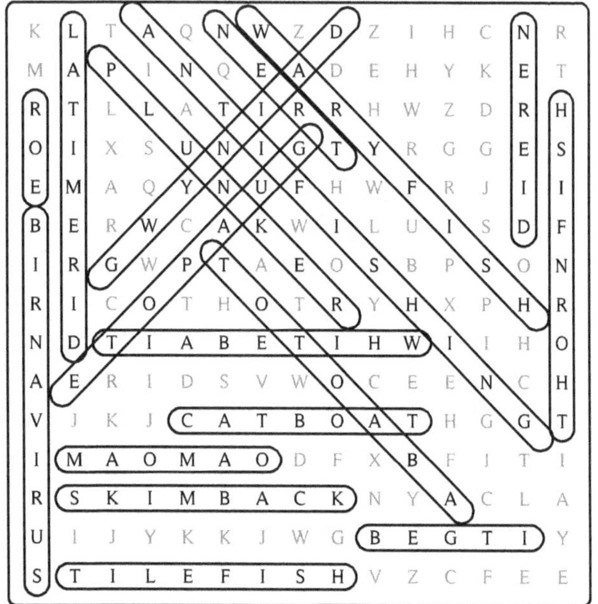

Puzzle # 64

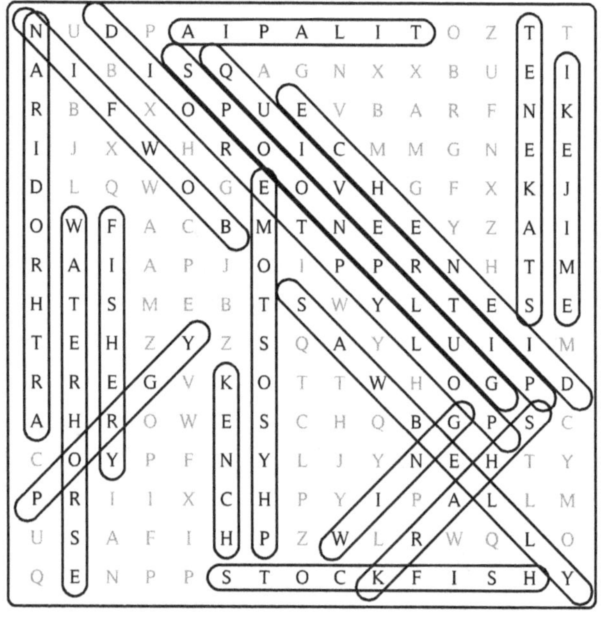

Puzzle # 65

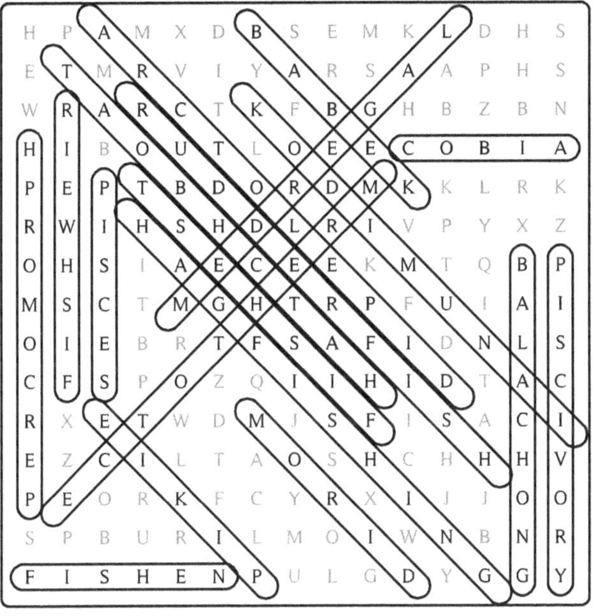

Puzzle # 66

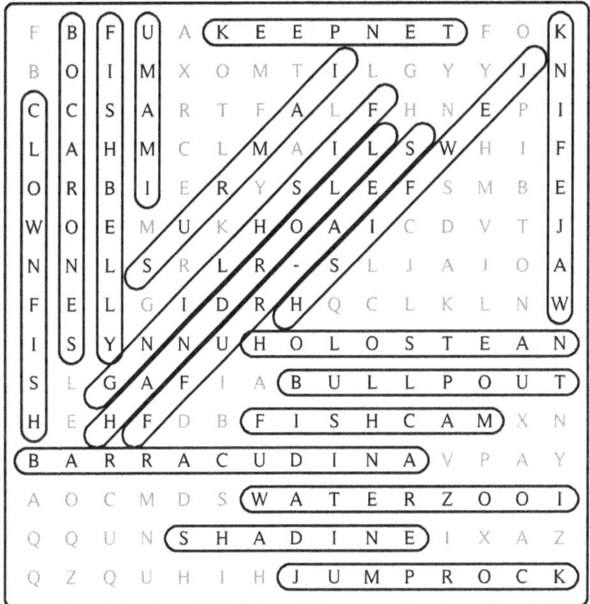

Puzzle # 67

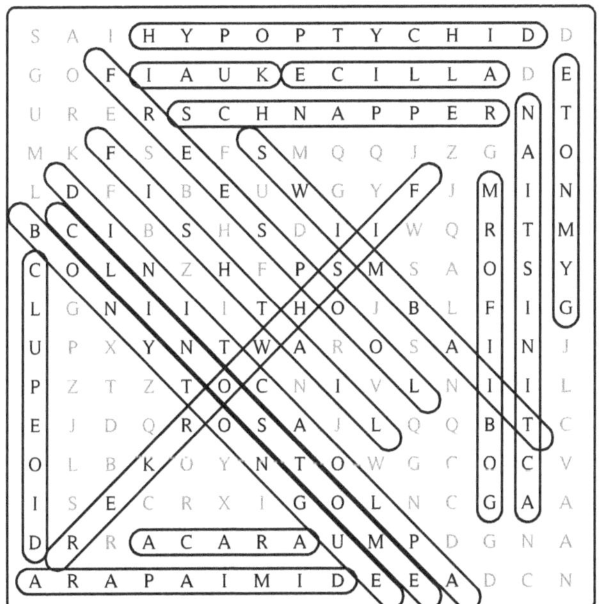

Puzzle # 68

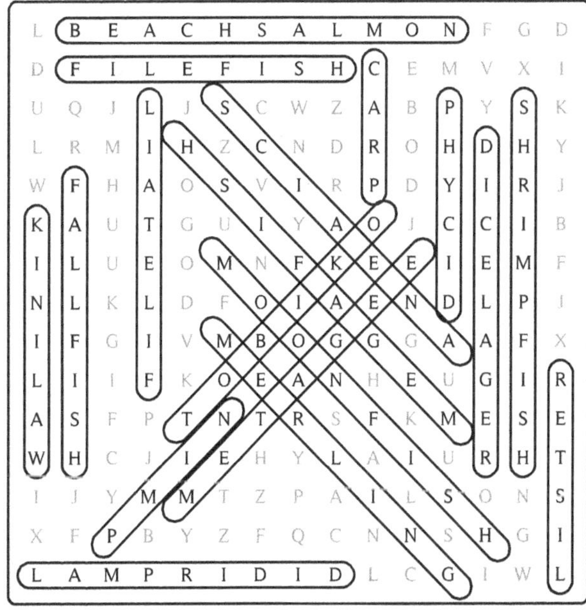

Puzzle # 69

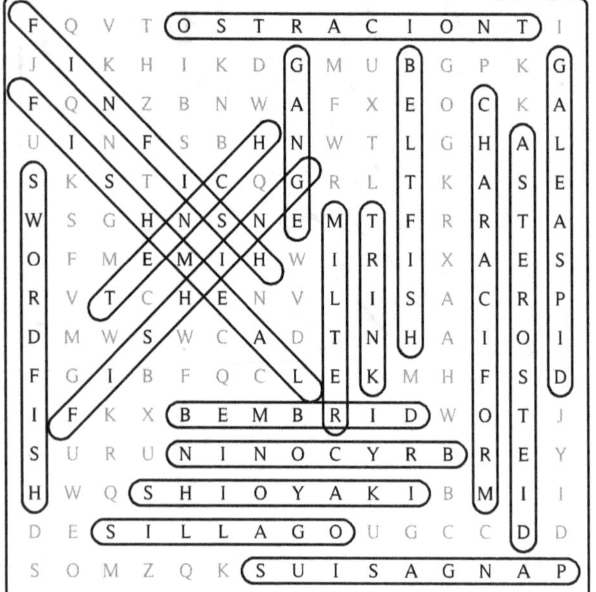

Puzzle # 70

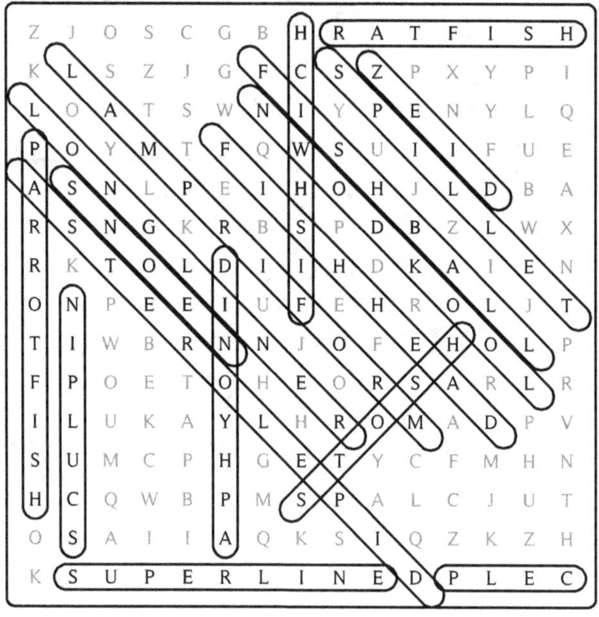